KB219614

마음을 비우듯이 업의 그릇을 비우세요.
당신의 마음 그릇에 복이 채워집니다.

_____ 님께

_____ 드림

임의 그릇을
비워라

무명 지음

지난 3년 동안 불교TV에서 '마음 법문'을 했다. 주로 사람들이 과거와 현재에 지은 업을 어떻게 하면 지울 수 있는가에 대한 기도 방법들이다.

누구에게나 생은 고단하고 힘들다. 왜 그런가? 살면서 욕심으로 채운 업의 그릇을 제대로 비우지 못해서이다. 그로 인한 업장이 마음의 병이 되어 결국 육신의 병으로 이어진다.

천만금의 재물이 있다고 해도 건강을 잃으면 아무 소용이 없다. 죽을 때는 10원짜리 하나 들고 갈 수 없으며, 명예도 지고 갈 수 없다. 그런데도 당신은 재물과 명예에 집착한 나머지, 언제 죽을지도 모르면서 지금 허덕이며 살고 있지 않은가?

가만히 손을 가슴에 얹어보라. 언제나 석가모니 부처님께서는 중생들에게 "아름다운 꽃처럼 평화스러운 미소를 짓고 사랑스러운 말만 하라."고 하셨다. 즉 '화안애어(和顔愛語)'이다. 옛 선사들도 "날마다 좋은 날이 되려면 지금 이 순간이 행복해야 한다."고 하셨으며 의사들도 "얼굴에 평화와 미소가 가득한 사람은 남들보다 면역력이 뛰어나서 병에 걸리지 않고 오래 산다."고 말한다.

요즘 사람들은 '재욕, 식욕, 색욕, 명예욕, 수명욕'이라는 다섯 가지 욕망을 억제하지 못하고 스스로 업의 그릇을 짓고 있다. 물을 그릇에 많이 담으면 넘치듯이 업의 그릇인 우리 몸도 과한 욕심이 담기면 넘쳐흘러서 오장육부가 썩게 되고 이것이 육신의 병으로 이어지게 된다.

오래 건강하게 사는 비결은 하루빨리 육신의 병을 만드는 오욕락(五慾樂)에서 벗어나 간절한 기도로써 자신이 지은 업의 그릇을 비우는 것이다. 마치 몸속의 위장을 비우듯이 마음 그릇을 항상 비워두어야만 한다. 그런 삶을 당신이 산다면 날마다 좋은 날이 될 것이다.

금정산 무명사 회룡선원에서

2018년 10월 어느 날

무명 합장

차례

1부

행복의 그릇을 채우기 위해

행복의 길은 누가 가르쳐주지 않는다.
스스로 그 길을 찾아야 한다.
지금 당신은 그 길을 가고 있는가.

업의 그릇을 비워라

석가모니 부처님의 가르침은 방대해서 8만 4천 가지나 된다. 불자들은 이 많은 경전들을 찾을 수도 없고 읽어볼 수도 없다. 모든 경전의 가르침들은 인간이 태어나서 늙고 병들어 결국 죽음을 맞게 되는 '생로병사(生老病死)'의 과정을 어떻게 하면 지혜롭게 극복할 수 있는가에 대한 것들이 대부분이다.

그렇다고 부처님이 이 많은 경을 직접 설한 것도 아니다. 그중에는 제자들이 하신 말씀도 있고 누대에 걸쳐서 많은 선지식들이 집대성한 것들도 있다. 경전은 인간의 고뇌, 외로움, 분노, 행복 등 진리의 말씀들로 가득하다.

그중 하나가 《백유경(百喩經)》이다. 5세기경 인도의 승려인 상가세나[僧伽斯那] 스님이 쓴 《샤타바다나수트라》를 그의 제자인구나브리티[求那毘地]가 한역(漢譯)하여 《백유경》이라고 이름 지었는데 재미있는 설화와 비유 등 아흔여덟 가지의 이야기가 수록되어 있다.

고대 인도에서는 불교에 반하는 외도(外道)들이 많았다. 그러다 보니 민중들은 불교에 대해서 많은 의문을 품고 있었다. 상가세나 스님은 적절한 비유를 통해 민중들에게 쉽게 불교 사상을 이해시키고 삶의 교훈을 주기 위해 《백유경》을 지었던 것 같다. 오늘날에도 어른 아이 할 것 없이 재미있게 읽히고 있는 경전이다. 그중 우화 한 토막을 소개하겠다.

한 바라문이 있었다. 그는 제자에게 잔치에 쓸 그릇이 부족하니 옹기를 만들 장수를 데려오라고 했다. 제자는 마을로 가는 도중, 나귀 등에 옹기를 싣고 가는 장수를 만났다. 그 순간 나귀가 발을 헛디뎌 옹기들이 땅에 떨어져서 모두 깨지고 말았다. 옹기 장수는 어쩔 줄을 몰랐다.

이것을 본 제자가 옹기 장수에게 물었다.

"그대는 왜 그리 슬피 울고 있습니까?"

"그동안 고생하면서 옹기를 만들었습니다. 오늘 장에 가서 팔려고 했는데 이놈의 나귀가 그만 발을 헛디뎌 모두 깨뜨려버렸으니 허망해서 울고 있습니다."

제자는 그 말을 듣고는 엉뚱한 생각을 했다. 옹기 장수가 오랜 시간을 들여 정성을 다해 만든 많은 그릇들을 단 한순간에 깨뜨려버렸으니 이 나귀야말로 훌륭하다는 생각을 했던 것이다.

"옹기 장수여 울지 마세요. 당신의 나귀는 훌륭한 짐승입니다. 당신이 오랜 시간 만든 옹기를 찰나에 모두 깨뜨려버렸으니 나귀야말로 훌륭하지 않습니까? 옹기 대신에 그 나귀를 제가 사겠습니다."

옹기 장수는 이 말을 듣고 크게 기뻐했다.

제자는 옹기 장수를 데려오라는 스승의 말은 까마득하게 잊고 나귀를 끌고 절로 돌아왔다.

그를 본 스승이 제자에게 물었다.

"이놈아. 옹기 장수는 데려오지 않고 웬 나귀를 끌고 왔느냐?"

"스승님, 이 나귀는 옹기 장수보다도 더 뛰어납니다. 옹기 장수가 만든 옹기를 한순간에 모두 깨뜨려버릴 정도로 힘이 세니까요."

스승은 혀를 끌끌 차면서 야단을 쳤다.

"이 미련한 놈아. 나귀는 미련하고 어리석어서 옹기를 깨뜨리는 일은 잘할지 모르나 옹기를 만들 수 있는 재주나 지혜가 없으니 100년이 걸려도 옹기 하나 만들지 못하는 짐승에 불과하지 않느냐."

어리석은 제자는 그때 비로소 깨달았다.

머리가 좋아서 출세하는 사람도 있지만 좋은 머리를 잘못 써서 한순간에 나락에 떨어지는 경우가 훨씬 더 많다. 눈앞의 것만 생각하고 내일을 생각하지 않는 어리석음 때문이다. 불가에서는 탐진치(貪瞋癡) 삼독(三毒) 중 가장 큰 업이 어리석을 치(癡)라 했다. 진리에 어두운 번뇌라고 해서 '치암(癡闇)'이라고도 부르며 문안에 갇혀서 전혀 소리를 듣지 못함을 일컫는다. 남에게 욕을 하는 것, 주먹을 휘두르는 것, 거짓말을 하는 것, 사기를 치는 것, 사음을 하는 것도 모두 앞뒤를 생각하지 않고 행하는 어리석음이 원인이다. 그러므로 업은 자신이 지고 가야 할 평생의 짐이다.

업은 크게 선업(善業)과 악업(惡業)으로 나뉜다. 그런데 알고 저지르는 업보다 모르고 저지르는 업이 더 무섭다. 왜 그럴까. 알고 저지르는 업은 참회하여 고칠 수 있지만 모르고 업을 저지를 땐 자신이 한 일이 나쁜 짓인지 좋은 짓인지조차 판단하지 못하기 때문이다. 이런 사람은 나중에 더 큰 악업을 짓는다.

제자가 그런 경우인데 무지로 인해서 악업을 행한 것이라고 할 수 있다. 그래서 불교에서는 탐진치 삼독 중 가장 큰 업을 어리석음이라고 하는 것이다.

또한 어리석음은 수행자들이 성불을 이루는 데 가장 큰 장애물로, 자신이 가고 있는 길이 바른길인지 잘못된 길인지 빨리 판단해야 하는데 이를 제대로 구별하지 못하게 한다.

부처님께서 어리석음인 무명과 치암을 가장 경계하라고 하셨던 이유도 이 때문이다. 당신은 지금 어리석지 않은가. 업의 그릇을 빨리 비우지 못하면 결국 어둠 속에서 헤맬 수밖에 없다.

달마가 짚신 한 짝을 지팡이에 걸친 까닭

가끔 지팡이에 짚신 한 짝을 달고 서 있는 달마 대사를 그린 재미있는 그림을 본 적이 있을 것이다. 이 그림의 유래는 어디일까. 일설에 따르면, 달마는 남인도 향지국의 셋째 왕자로서 불교에 심취, 출가수행 끝에 선(禪)에 깊이 통달하고 중국의 남북조시대(520년)에 선종(禪宗)을 창시한 인물이다.

당시 중국은 정토불교가 대세였지만 달마는 동쪽의 숭산(嵩山)에 있는 소림사에서 9년간 면벽좌선을 하면서 '마음은 본래 청정함'을 깨닫고 난 뒤, 선법(禪法)을 제자 혜가(慧可)에게 전수했다. 이후 중국의 선불교는 이조 혜가를 거쳐 삼조 승찬(僧璨), 사조 도신(道信), 오조 홍인(弘忍), 육조 혜능(慧能)에까지 이어졌다.

우리나라에서는 삼국시대를 거쳐 고려 도의 국사에게 전법되어 한국 선불교에 지대한 영향을 끼치게 되고 육조 혜능이 수행했던 조계산의 이름을 따서 오늘날 가장 큰 종파인 조계종이 탄생하는 계기가 되었다. 달마가 수행했던 소림사와 육조 혜능이 수행했던 조계산은 오늘날 한국 선불교의 본산(本山)이라고 할 만하다. 그러고 보면 달마의 그림은 매우 상징적인 의미를 담고 있다.

달마가 중국으로 와서 소림사에서 면벽수행을 하고 있다는 소식을 들은 황제 양무제는 도(道)가 높은 그를 무척이나 만나고 싶어 했다. 당시 양무제는 중국을 통일하기 위해 수많은 전쟁을 일으켜서 많은 사람들을 죽였는데 그 죄를 갚기 위해 수많은 사찰을 짓고 스님들에게 많은 보시를 하고 있었다.

양무제는 달마를 만나서 스스로 자랑을 했다.

"대사여, 나는 그동안 불교를 위해 수많은 사찰을 짓고 스님들에게 많은 보시를 하였도다. 그 공덕은 얼마나 크겠는가?"

달마는 일언지하에 황제의 말을 부정했다.

"황제여, 그에 대한 공덕은 하나도 없습니다."

양무제는 그 순간 끓어오르는 화를 참고 두 번이나 더 물었지만 대답은 매한가지였다.

그가 달마에게 마지막으로 물었다.

"대사여, 왜 공덕이 하나도 없는가?"

"황제여, 불사를 하고 보시를 한 것은 분명이 공덕이 크나 그 공덕의 대가를 스스로 구하기 때문에 하나도 없는 것입니다."

달마는 어떤 대가를 바라고 한 '유주상보시(有住相布施)'는 공덕이 없으며 대가를 바라지 않고 하는 '무주상보시(無住相布施)'의 공덕은 매우 큼을 강조했다. 무지한 양무제는 이를 깨닫지 못하고 달마에게 사약을 내리고 시신을 숭산에 묻었다.

어느 날 양무제의 신하가 국경 근처에서 달마가 지팡이에 짚신 한 짝을 달고 서쪽으로 가고 있는 것을 보았다.

'달마는 분명히 사약을 받고 죽었는데 어찌하여 저렇게 멀쩡히 살아서 가고 있는가?'

놀란 신하는 곧 양무제에게 알리고 숭산에 있는 달마의 무덤을 파헤쳤다. 그런데 시신은 온데간데없고 짚신 한 짝만 달랑 관 속에 있었다. 달마는 죽은 게 아니라 짚신 한 짝만을 남겨두고 사라졌던 것이다.

그렇다면 짚신 한 짝이 우리에게 던져주는 의미는 무엇일까? 그 답은 독자의 몫이다.

오늘 내가 법문 중에 중국에 선불교를 전파한 달마 대사의 일화를 들려주는 건 '대가를 바라지 않고 하는 보시가 왜 중요한가.'를 일깨우기 위해서이다. 불자들은 불사를 하거나 보시하면서 자꾸만 대가를 얻으려고 하지만 진정한 믿음이 없는 불사, 대가를 바라는 보시로는 아무런 복덕을 얻을 수 없다. 달마 대사의 일화는 바로 이것을 강조하기 위한 것이다.

남을 돕는 것도 이와 같다. 베푸는 마음은 측은지심에서 진심으로 우러나와야지 어떤 대가나 명예를 얻기 위해서 남에게 베푸는 것은 잘못되었다는 뜻이다. 중요한 것은 어려운 일에 처한 사람을 돕고자 하는 마음이다. 그것만으로도 공덕은 충분하다. 이것이 불교의 '무주상보시'이다.

자비와 반야

    불교의 최대 이념은 '자비(慈悲)'와 '반야(般若)'이다. '자비'란 중생에게 행복을 베풀고 중생이 가진 고뇌를 덜어주는 걸 말한다. '자(慈)'는 모든 사람들이 함께 정을 베풀면서 서로가 우정을 나누는 것을, '비(悲)'는 중생이 가진 괴로움에 대한 연민의 정(情)을 뜻한다.

    석가모니 부처님의 광대한 자비를 '대자대비(大慈大悲)' 혹은 중생과 한 몸이라는 뜻에서 '동체대비(同體大悲)'라고도 한다. 자비에는 중생을 대상으로 일으키는 '중생연(衆生緣)자비', 모든 존재를 대상으로 하는 '법연(法緣)자비', 대상 없이 일어나는 '무연(無緣)자비' 등이 있다. 그중에서 '무연자비'가 불교의 평등과 공(空)의 입장에 있으므로 최상의 자비이다.

'반야'는 사람이 진실함을 깨닫고 어떤 일이 앞에 닥쳤을 때 판단하는 능력, 곧 지혜를 뜻하는데 소승불교에서 대승불교로 나아갈 때 확립되었다. 사람이 지니고 있는 판단 능력을 '분별지(分別智)'라고 한다. 때문에 '자비'와 '반야'는 불교가 추구하는 가장 큰 이념이다.

여기 '자비'와 '지혜'를 가장 적절하게 이용한 한 미국 판사의 판결 이야기가 있다.

나는 한때 미국에 살아본 적이 있어서 지금도 자주 뉴욕에 간다. 주로 이용했던 공항은 케네디공항이다. 오다가다 보니 뉴욕 근처에 '라구아디아 공항'이 있다는 걸 알게 되었다. 왜 하필 공항 이름이 발음하기도 어려운 '라구아디아'인지 그 유래를 알게 된 뒤 느낀 바가 컸다. 그 이름에 얽힌 일화는 다음과 같다.

어느 노인이 빵 하나를 훔쳐서 법정에 섰다.

판사가 물었다.

"당신은 왜 남의 빵을 훔쳤나요?"

노인은 눈물을 흘리면서 말했다.

"3일이나 굶었는데 배가 너무 고파서 빵을 훔쳤습니다. 잘못했습니다."

판사는 지그시 눈을 감고 있다가 절도죄로 10달러의 벌금형을 내렸다. 당시만 해도 적은 돈이 아니어서 그 순간 법정에 있던 방청객들이 술렁거렸다. 겨우 빵 한 개를 훔쳤는데 10달러의 벌금은 너무 가혹하다는 것이었다.

판사는 자신의 지갑에서 조용히 10달러를 꺼냈다.

"벌금은 제가 대신 내어드리겠습니다. 저는 그동안 좋은 옷을 입고 맛있는 음식을 많이 먹었어요. 이 노인에게 속죄하는 마음으로 내드리지요."

그 순간 법정은 숙연해지기 시작했고 판사는 손에 든 모자를 방청객들에게 내밀었다.

"이 노인은 여러분들이 계시는 마을에서 살고 있습니다. 그를 가엾게 여기신다면 지금 노인을 위해 약간의 성금을 내주십시오. 이 노인이 법정을 나가게 되면 또다시 빵을 훔치게 될 것입니다."

그러자 방청석에 앉아 있던 사람들은 각자 주머니에서 돈을 꺼내 모자에 담았다. 이 유명한 판결로 인해 '라구아디아' 판사의 이름은 널리 전해지게 되고 뉴욕 시장까지 되었지만 그는 얼마 후 비행기 사고로 세상을 떴다. 뉴욕 시민들은 자비로운 판결을 내린 그를 기리기 위해 '라구아디아' 공항을 만들었던 것이다.

판사가 지혜를 발휘하지 못하고 현명한 판결을 내리지 못했다면 노인은 배고픔의 고통에서 벗어나지 못했을 것이고 영원히 절도범으로 낙인찍혔을 것이다.

판사는 현명한 판결을 내릴 의무가 있다. 그가 적절한 판단을 하게 된 것은 지혜의 소유자였기 때문이다. 지은 죄는 크지만 사람은 미워하지 말라는 그의 위대한 판결은 많은 사람들에게 '자비란 무엇인가'를 일깨워주고 작은 나눔이라는 지혜를 발산하게 했다.

사실, 불교에서만 자비가 있는 게 아니다. 모든 종교의 이념이 자비이며, 모든 사회가 나아가야 할 방향이 자비이며, 우리가 더불어 살아가면서 서로에게 베푸는 삶이 곧 자비이다. 판사는 현명한 판결을 내리면서 사람들에게 진정한 삶의 의미를 가르쳐준 것이다.

요즘 사람들은 자신을 먼저 생각하고 남을 소중하게 여기지 않는 경향이 많다. 마을 사람들에게 자비를 깨우쳐준 판사의 지혜는 아무나 지닐 수 있는 게 아니다. 아마 그는 평소에도 남을 위해 베푸는 삶이 무엇인가를 항상 생각하고 있었을 것이다.

사람마다 성공의 개념은 다르다. 내가 생각하는 성공한 사람은 재물이 많고 명예가 있는 사람이 아니라 판사처럼 자신보다 먼저 남을 위하는 사람이다.

자비심이 없는 사람은 욕심만 가득해서 지혜가 생기지 않는다. 지혜가 없는 사람은 짐승과 같다. 지혜는 깊은 사유에서 증득되기 때문에 사유가 없는 사람에겐 생기지 않는다. 그러므로 우리 불자들은 자신보다도 남을 우선해서 생각하는 자비심을 먼저 가졌으면 한다.

라구아디아 판사는 '죄가 먼저인가 사람이 먼저인가'의 경계선

상에서 아마 많이 고심했을 것이다. 그로 인해 지혜가 생겨서 이러한 판결을 내림으로써 많은 사람들로부터 측은지심을 이끌어 낸 것이다.

불교에서는 '있다 없다, 아름답다 추하다, 많다 적다'를 떠나 분별심을 버리라고 한다. 중생은 모두 평등하기 때문에 차별하지 말라는 것이 석가모니 부처님의 가르침이다.

세상이 아름다워지려면 법이 공명정대해야 한다. 그러려면 '너는 너, 나는 나'라는 분별심에서 벗어나야 한다. 그래야만 자신 앞에 놓인 문제들을 올바로 판단할 수 있는 반야의 지혜가 생긴다. 이것이 불교가 가진 최대 장점이다.

라구아디아 판사는 판결에서 인간이 가진 측은지심을 통해 자비를 이끌어내고, 보시를 통해서 현명한 지혜를 발했던 것이다. 당신도 판사처럼 자신보다도 먼저 남을 생각하는 자비를 지니고 있는가를 한 번쯤 돌이켜 생각해보라.

경전에 보면 "나쁜 짓을 하지 말고 착한 일을 받들어 행하며 스스로 그 마음을 깨끗이 하라[諸惡莫作 衆善奉行 自淨其意 是諸佛教]."는 구절이 있다. 마음을 깨끗이 하고 자비를 행하는 것이 바로 지혜를 증득하는 길이다.

불교는 무엇이 다른가

불자들로부터 가장 많이 듣는 질문은 기도를 열심히 하면 정말 부처님의 가피를 받을 수 있는가이다. 사실, 나는 이 같은 질문을 받으면 실로 난감하다. 가피가 있다고 해도 오해를 받을 것이고 없다고 해도 오해를 받을 수 있기 때문이다. 하지만 실제로 기도를 한 뒤 많은 사람들이 가피를 받았다고 말한다.

불교는 전생에 지은 업이 현생으로 이어지고, 현생에 지은 업이 내생으로 이어진다는 연기(緣起)의 종교이다. 즉 '이것이 있으므로 저것이 있다.'는 인과법을 매우 중시한다. 왜 이것이 중요할까.

만약, 육체의 소멸이 현생의 끝이라고 생각한다면, 굳이 힘들게 살지 않고 재욕, 식욕, 색욕, 명예욕, 수명욕인 '오욕락'만을 추구하기 싶다. 미래를 생각하지 않으니 자식을 낳을 필요도 없고 또한 선업(善業)을 쌓을 필요도 없으며 자신에게 주어진 삶의 시간 동안 오직 쾌락만을 추구하게 될 것이다. 모든 사람이 이런 삶을 산다면 우리가 살고 있는 세상은 그야말로 지옥이 될 것이다.

불교는 결코 그런 삶을 원하지 않는다. 자신이 오늘 한 행동은 반드시 내일로 이어진다. 우리가 알지 못하는 어떤 영혼의 세계가 있고 이것이 과거 · 현재 · 미래로 이어진다는 사상이 불교의 장점이다. 비록 과거 생과 현생의 삶이 자신이 지은 죄업으로 인해 힘들다고 하더라도 기도하는 삶을 살면서 선업을 쌓아 업장을 지운다면 반드시 큰 복을 받게 된다. 그러므로 불교는 신에 의존하는 타력(他力)의 종교가 아니라 스스로의 노력으로 복을 구하는 자력(自力)의 종교임을 나는 자주 강조한다.

물론, 이를 믿지 못하는 사람도 있지만 과연 그럴까? 그동안 나는 절에서 죽음을 앞둔 수많은 사람들을 직접 목격해왔다. 그들은 지금 당장 숨이 끊어지는데도 재물과 명예를 손에서 놓지 못한다. 왜 그럴까. 내세의 삶을 은연중에 강하게 원하고 있기 때문이다. 그런 측면에서 보면 사람은 동물과는 확실히 다른 내세관을 가지고 있다.

생물학자 '르콩트 뒤 노이(Lecomte du Noüy)'는 "생물학적인 관점에서 본 죽음은 육체의 소멸이 아니라 또 다른 진화의 한 과정이

기 때문에 죽음은 자연이 만든 가장 위대한 발명품이다."라고 말했다. 이것은 무얼 말하는가. 육체의 소멸로 삶이 끝나는 것이 아니라 또 다른 진화를 통해 우리가 느끼지 못하는 내생의 삶으로 이어진다는 뜻이다.

연어가 자신이 태어난 곳에 필사적으로 돌아와서 알을 놓고 마지막 생을 다하는 것처럼 사람의 육신도 소멸하지만 보이지 않는 영의 세계에 살고 있다. 그렇지 않은가, 한갓 미물인 연어도 자신이 태어난 곳으로 회귀하듯이 사람도 어디론가 눈에 보이지 않는 곳으로 가고 있다.

이것이 우리가 조상을 숭배하는 이유이기도 하다. 때문에 우리 불자들이 자신이 지은 업장을 지우기 위해 열심히 기도하고 참회의 삶을 산다면, 눈에 보이지 않는 기(氣)의 세계가 어떤 작용을 일으켜서 자신이 원하는 바를 성취하게 해준다는 것을 명심해야 한다. 이것이 바로 가피이다.

사람들은 가피를 믿는 순간 변화하게 된다. 죄를 지어서는 안 됨을 알게 되고, 또한 육체의 쾌락과 탐욕, 성냄, 어리석음인 '탐진치 삼독'에서 벗어나 보다 참된 삶을 살게 된다. 가피는 딴 게 아니라 타인에게 폐를 끼치지 않고 행복하고 건강하게 오늘도 바른 삶을 살고 있는 자신이다. 이것이 불교라는 종교가 지니고 있는 최대 장점이기도 하다.

아침마다 눈뜨는 게 기적

살다가 가끔 우리는 기적을 목격하기도 한다. 그런데 과연 기적이 있을까? 저녁 뉴스를 보면 날마다 이 지구상에는 전쟁과 테러가 끊기지 않고, 우리나라에도 교통사고, 화재, 배 전복 사고로 등으로 많은 사람들이 죽어가고 있다. 이를 보면 기적이란 애초에 없고 그런 일이 발생하지 않는 게 기적인지도 모른다.

그러므로 우리가 한국이라는 땅에 태어난 것이 기적이며, 오늘 아침 눈을 뜨고 아무런 탈 없이 자신에게 주어진 하루를 건강하게 보내다가 내일 아침 눈을 뜨는 것 자체가 바로 기적이다.

나는 누구이며, 이 세상에 어떻게 왔으며, 그리고 언제 자연으로 돌아가는가. 그때는 언제인가. 우리는 지금 이 순간 '나는 왜 이 세상에 존재하고 있는가?'에 대한 이유조차도 모르고 살아간다. 이를 알기 위해 옛날 선가(禪家)에서는 '나는 누구인가?'라는 '이뭣꼬' 화두를 들었다.

이것은 '시심마(是甚麼)'를 경상도식 사투리로 표현한 것으로 주로 선방에서 깨달음을 얻기 위한 공안(公案)으로 사용되었다. 선가의 1천 700여 가지의 공안 중에서도 가장 널리 알려진 화두이다. 이는 인간이 생로병사의 과정에서 겪는 변화에 따라 움직이는 마음을 관찰하는 것으로 '행주좌와어묵동정(行住坐臥語黙動靜)'이다. 행하고, 머무르고, 앉고, 눕고, 말하고, 침묵하고, 움직이고, 멈추는 가운데 나의 육신을 움직이게 하는 '이놈이 무엇인가.' 하고 나의 주인공인 마음을 관찰하는 걸 말한다.

이처럼 오늘 자신이 '이 순간 이 자리'에서 살아 숨 쉬고 있다는 것 자체가 바로 기적임을 알려주신 스님이 있다. 그는 오래전부터 미국에 널리 한국의 선불교를 알린 숭산 스님이다. 하버드대학교 출신으로 '푸른 눈의 납자'로 널리 알려진 현각 스님의 은사이기도 하다. 그는 한국의 선불교를 서구 사회에 전한 대표적인 인물로서 현재 미국 전역에 그의 노력으로 개설한 선원이 무려 600여 개에 이른다.

숭산 스님이 미국에서 법문하고 있을 때이다.

어떤 사람이 자리에서 느닷없이 일어나서 도중에 질문을 던졌다.

"스님은 기적을 일으키는 분으로 알고 있습니다. 저희들에게 그 기적을 보여주십시오."

스님은 법문을 거두고는 한참 생각하다가 주장자로 법상을 '탕' 내려쳤다.

"기적을 보여달라고?"

"네, 스님. 저는 불법을 믿지 않사오나 스님께서 기적을 보여주신다면 오늘부터 불교 신자가 되겠습니다."

스님은 다시 주장자로 법상을 '탕' 하고 내려쳤다.

"오늘 밥을 먹고 왔느냐?"

"네, 스님."

"그럼 지금 무엇을 하고 있느냐?"

"스님의 법문을 듣고 있습니다."

"그래, 그것이 기적이니라."

"스님, 그런 억지가 어디 있습니까?"

"억지라니, 이놈! 하루 밥을 먹고 힘을 쓰며 법문을 듣고 있는 것이 어찌 기적이 아니란 말인가."

스님의 눈빛은 법당의 천장까지도 뚫을 기세였다.

"그래 네가 밥을 먹고 이렇게 살아 있는 것이 기적이 아니란 말인가. 너는 어떻게 태어났으며 어디에서 왔는가?"

"잘 모릅니다."

"그것조차 모르는 놈이 기적을 묻는단 말이지. 지금 네가 두 다리로 멀쩡하게 서 있는 것도 기적이니라.”

그는 그제야 느낀 바가 있었는지 갑자기 감탄사를 연발했다.

“오늘 스님의 말씀을 들으니 제가 살아 있는 것이 기적임을 알 겠습니다. 그런 소중한 나를 잘 다스리겠습니다.”

스님의 설법은 “지금 이 순간 당신이 하고 있는 것이 중요하 다”는 것을 일러주신 일침(一鍼)이었다. 이 하나의 법문은 숭산 스님이 한국의 선불교를 미국 땅에 심고 많은 제자들을 받아들 이는 계기가 되었다.

이렇듯 오늘 하루 몸 건강하고 행복하게 살면서 아침마다 눈을 뜨는 것 자체가 기적이다. 세상에 일어나는 일들은 그저 일어날 일 들이 일어나는 것일 뿐, 애당초 세상엔 기적이란 건 없다는 뜻이 다. 그냥 우리는 이것을 기적이라고 부르고 있는 것에 불과하다.

실제로 우리 절에서도 기적 같은 일들이 종종 일어났다. 그중 에서 하나를 소개하겠다. 우리 절에는 10년 동안 주말이면 어김 없이 와서 기도하는 여신도가 있다. 40여 년간 교직 생활을 한 그녀가 이렇게 간절하게 종교 생활을 하게 된 데는 특별한 이유 가 있다.

그녀에게는 서른 중반의 사랑하는 남동생이 있었는데 새벽에 잠을 자다가 갑자기 심장마비를 일으켰다. 딸만 셋이고, 막냇동 생은 독자여서 어릴 적부터 애지중지했다.

나는 그날 아침 연락을 받고 병원으로 달려갔는데 동생은 뇌에 산소가 공급되지 않고 심정지가 되어 혼수상태였다. 이미 죽은 목숨이었다. 응급실은 눈물바다였다.

그때 그녀는 나의 손을 꼭 잡고 말했다.

"바쁘신데도 와주셔서 고맙습니다. 그래도 스님께 명복이라도 빌어달라고 전화를 급히 했습니다."

나는 안타까운 심정으로 가는 길이라도 편하게 가라고 '반야심경'을 독송했다.

누님은 동생에게 귓속말로 말했다.

"그래, 많이 아팠지? 스님이 오셔서 너를 위해 기도를 해주시는구나."

그 순간 기적이 일어났다. 손이 꿈틀거리고 체온이 약간씩 돌아오자 나는 동생의 손과 발을 주물렀다. 그랬더니 조금씩 몸에서 반응이 오기 시작했다. 의사도 이미 심정지가 와서 숨이 끊어졌다고 판단했지만, 맥박이 조금씩 뛰는 것을 보고는 당장 숨을 거두지는 않겠다고 했다.

가족들은 그때부터 하나뿐인 남동생을 살리기 위해 기나긴 간병 생활에 들어갔다. 10일이 지나도 차도가 없자 결국 요양병원으로 동생을 옮겼다. 한 달이 지난 후 가족들이 절에 와서 나를 다시 찾았다. 동생을 위해 천도재를 지내기 위해서였다. 아직 생사가 불분명한 동생을 위해 재를 지낸다는 건 나로서는 무척 난감한 일이었다.

"동생의 병은 의사만이 고칠 수 있습니다. 재를 지낼 돈은 동생의 치료비에 보태 쓰는 것이 좋아요."

극구 만류를 했지만 가족들의 간절한 요구를 들어줄 수밖에 없었다. 재를 접수한 날, 그녀로부터 전화가 왔다.

"스님, 남동생이 방금 눈을 떴습니다. 손이 조금씩 움직이기 시작하고 눈동자를 깜박거립니다. 정말 고맙습니다. 그리고 오늘 아침 동생이 드디어 변을 봤습니다. 변을 본다는 것은 오장육부가 움직이고 있다는 것이 아니겠습니까. 지난 17일 동안 꼼짝도 하지 않고 누워 있었는데 좋은 징조가 아니겠습니까? 의사도 차도가 있다고 합니다."

전화를 받고서 기분이 좋았다. 식물인간이던 사람이 갑자기 미동이 있으니 나로서도 매우 흡족했다. 지금도 남동생은 병석에서 일어나지 못하지만 말은 알아듣고 있으며, 가족들의 정성 어린 보살핌으로 생명을 유지하고 있다. 사람의 목숨은 이토록 끈질기다.

이때부터 그녀는 주말이면 절에 와서 동생의 회복을 위해 10년째 부처님께 지극정성으로 입에 침이 마르도록 기도를 하고 있다. 이렇듯 간절한 기도는 사람의 마음을 움직이게 하고 또한 병석에 있는 사람의 마음을 움직이게 한다.

이것이 바로 기적이 아닐까. 기적은 간절히 원하는 사람에게만 일어난다. 이것이 부처님의 진정한 가피가 아니겠는가.

인연이란 따로 있다

옛날, 절을 잘 짓는 목수가 있었다. 그는 산간에서 절을 짓고 가끔씩 쉬는 시간이면 마을 주막에 들러서 술을 마시곤 했다. 어느 날 주모는 목수가 돈이 많이 있는 것을 알고 음모를 꾸몄는데 그것을 안 절친한 친구들이 그에게 주모를 조심하라고 늘 일러두었다.

하지만 목수는 저녁때만 되면 욕정을 참지 못하고 주막에 들렀다가 함께 살자는 주모의 꼬임에 빠져서 많은 돈을 맡기고 말았다. 다음 날 주막에 가보니 주모는 목수의 돈을 모두 빼돌려서 웬 사내와 함께 사라지고 없었다.

그때부터 목수는 절은 짓지 않고 밤낮없이 주모를 찾아 헤맸지만 결국 시간만 낭비했다. 원한의 칼이 가슴에 너무 깊이 박혀 있어서 심지어 절 짓는 일조차 소홀히 했기에 더 이상 일도 들어오지 않았다.

하루는 어떤 스님이 길을 가다가 대낮에 허름한 주막에서 술에 취해 있는 목수를 보고 물었다.

"자네는 비범한 재주가 있는데 어찌하여 이렇게 대낮부터 술에 취해 있는가?"

"스님은 상관하지 말고 가시오."

"허허, 내 알 바 아니지만 그래도 대낮에 술에 취해 있는 이유를 한번 들어나 봅시다."

목수는 마지못해 그동안 있었던 일들을 빠짐없이 말했다. 그러자 스님은 자리에서 일어나 갑자기 목수의 뺨을 한 대 쳤다.

"일전에 내가 주모를 조심하라고 하지 않았소."

"이놈의 중놈이 어디 폭력을 사용해!"

"허허, 부처님의 집을 짓는 일을 하는 사람이 그까짓 주모 하나 때문에 이렇게 주정뱅이가 되다니."

목수는 갑자기 놀라서 그 자리에 무릎을 꿇었다.

"스님, 제가 잘못했습니다. 이젠 어떻게 해야 할까요?"

그제야 목수는 자신의 어리석음을 깨닫고 오직 절을 짓는 불사 (佛事)에만 힘을 썼다고 한다.

세상을 살다 보면 자신도 모르게 나쁜 곳으로 빠지거나 때론 사기를 당할 때도 있다. 그럴 때는 빨리 그곳에서 벗어날 수 있는 지혜가 필요하다. 자신이 손해를 보았다고 홧김에 돌부리를 차면 자기 발만 아프다. 남이 밉거나 억울한 일이 생기면 차라리 이것이 자신을 위한 '인고(忍苦)의 관문(關門)'이라고 생각하는 편이 옳다. 만약 목수가 그런 주모와 함께 살았다면 오히려 더 많은 것을 잃었을지 모른다. 그러니 이쯤에서 빠르게 정리가 된 것이 오히려 잘된 일인지도 모른다.

불가에는 많은 종류의 인연이 있다. 부처님의 법으로 만난 '법연(法緣)', 오다 가다 만난 '중생연(衆生緣)', '선연(善緣)', '악연(惡緣)' 등이다. 목수와 주모는 '중생연'으로 맺어진 '악연'이다. 하지만 악연이라고 해서 무조건 나쁜 것만은 아니다. 악연을 만나서 오히려 전화위복이 된 사람들도 많이 있다. 중요한 것은, 모든 인연들을 자신의 복으로 이끌 수 있는 지혜가 필요하다는 것이다.

오래전 돌아가신 박완서 작가의 소설 《미망》에는 다음과 같이 구절이 있다.

"이성이 댁이 앞장서서 인도한 사주쟁이 집에서 본 궁합은 만날 내외가 만난 천생연분이라고 했고 택일은 이듬해 삼월 초엿샛날로 났다."

"천생연분에 보리개떡"이란 속담이 있는데 "아무리 천한 신분이라도 천생의 짝이 있어서 비록 보리로 된 개떡을 먹을망정 사이좋게 지낸다."는 뜻이다. "짚신도 제 짝이 있다."라는 속담도 있다. 심지어 "길을 가다가 발끝에 차인 돌도 연분이 있어야 차인다."고 했다.

세상에는 자기만의 인연이 있다. 선연이든 악연이든 자신에게 찾아온 그 인연을 잘 보듬는 것도 삶의 지혜이다.

'천생연분(千生緣分)'에서 '천생(千生)'이란 의미는 다음과 같다. '일생(一生)'은 태어나서 죽을 때까지를 의미한다. '천생연분'은 태어나고 죽기를 천 번이나 계속하다가 만난 인연이 부부라는 뜻이다. 그러니 어떻게 우리가 부부의 연을 가볍게 생각하고 맺을 수 있겠는가.

목수가 주모를 만난 것도 인연이요, 주모가 목수의 재산을 가지고 도망간 것도 인연이요, 이를 계기로 더 큰 깨우침을 얻게 된 것도 인연이다. 이 또한 자신의 복이 아니겠는가.

그러니 자신에게 불행이 찾아왔다고 낙담하지 말고, 그 불행이 더 나은 기회가 되도록 마음을 닦는 것이 중요하다.

오케이 커피

오래전 미국 여행 때 일어난 일이다. 나는 당시 세계적으로 유명한 LA의 호텔 커피숍에서 지인을 기다리고 있었다. 그때 여종업원이 와서 잔에 커피를 따라주었다. 촌티를 내지 않으려고 아주 쓰디쓴 커피를 꿀꺽꿀꺽 마셔버렸다. 커피는 대개 그 지역만이 갖고 있는 고유한 향(香)을 음미하면서 한 모금씩 천천히 마셔야 하는데 물을 마시듯이 단숨에 마셔버린 것이다. 여종업원이 이걸 보고는 웃으면서 영어로 말했다.

"오케이?"

나도 따라서 말했다.

"오케이."

그랬더니 종업원은 큰 잔에 쓰디쓴 커피를 다시 붓고선 웃으면서 마시라는 시늉을 했다. 키가 크고 코도 큰 흑인 여자였는데 괜히 그녀 앞에서 주눅이 들었다. 사양하면 실례일 것 같아서 연거푸 커피를 마시고 말았던 것이다. 속이 무척 안 좋았는데도 기분은 이상하게 좋아져서 나는 그만 웃고 말았다. 그런데 여종업원이 또 잔에 커피를 부었다.

그녀로선 친절을 베푸는 일이어서 나는 또 목구멍 속에 커피를 털어 넣고 말았다. 그런 나를 보고 여종업원은 뭐가 그리 좋은지 연신 싱글벙글 웃었다. 그날 나는 세 잔의 쓰디쓴 커피 때문에 하루 종일 속이 메스꺼워서 힘들었다.

우리는 'yes'와 'no' 속의 세상에 늘 살고 있다고 해도 과언이 아니다. 사실 'yes'와 'no' 사이에는 말로 표현할 수 없는 깊은 생각이 존재하고 있다. 하지만 내가 순간적으로 내뱉는 'yes'와 'no'는 상황에 따라 엄청난 결과로 나타날 수도 있다는 걸 알아야 한다. 그럼에도 우리는 앞뒤 생각하지 않고 너무 쉽게 'yes'와 'no'를 선택하고 있는 게 아닐까. 호텔에서 커피를 계속 마시느냐, 아니냐 하는 갈등이 빚은 결과보다도 더 큰 일이 야기될 수도 있다는 뜻이다.

분명 'yes'와 'no' 사이에는 눈에 보이지 않는 엄청난 결단이 숨어 있다. 그럴 때 필요한 것이 바로 합리적인 사고이다. 부처님께서는 이것을 두고 '중도(中道)'라고 하셨다. 과하지도, 넘치지도 않는 합리적인 생각을 하라는 것이다. 모두가 그런 것은 아니지만 한국인들의 단점은 합리적인 사고가 부족하다는 데에 있다. 대개 한국인들은 남이 좋으면 자신도 좋고, 남이 나쁘면 자신도 나쁘게 생각하는 부화뇌동식의 삶에 익숙하다. 무조건 상대방에게 예의를 지켜야 한다는 의식과 '좋은 게 좋은 것'이라는 동양적 관습에 젖어 있는 경우가 많다. 서양인들처럼 합리적이지 않고 일시적인 자기 감정에 이끌려서 쉽게 'yes'와 'no'를 하는 경향이 많다는 것이다.

무조건 'yes'도 좋지 않고, 무조건 'no'도 좋지 않다. 나 역시 무조건 'yes'라는 삶이 '누이 좋고 매부 좋은 것'인 줄만 알았다. 하지만 요즘 나는 무조건적 'yes'에는 이익보다 해가 더 많다는 걸 알았다. 거절할 수 있는 것도 삶의 일부라는 걸 깨달았던 것이다. 때문에 항상 일을 앞에 두고서 스스로 판단하는 지혜가 무엇보다 중요하다. 설사 'no'라고 했다고 해도 상대방에게 피해가 되지 않는다면 진정한 'no'는 반드시 필요하다는 뜻이다. 우리가 부처님의 가르침을 통해 얻고자 하는 것도 'yes'와 'no'를 분별하는 지혜이다.

어떤 일을 함에 있어서도 마찬가지이다. 될 수 있는 것과 될 수 없는 것이라는 긍정과 부정에는 항상 지혜가 필요하다. 비록 안 될지언정, 안 된다는 부정적인 잣대를 가지고 일을 하지 말라는 것이다. 만약, 부정적인 시각을 가지고 일을 하다 보면 십중팔구는 그렇게 되고 만다. 이것이 바로 '머피의 법칙'이다.

1949년 미국의 에드워드 공군기지에서 일하던 머피 대위는 어떤 일을 실험하다가 번번이 실패했다. 그는 오랜 생각 끝에 실패의 원인이 무척 사소한 곳에 있다는 걸 알게 되었다. 그는 "어떤 일을 하는 방법에는 여러 가지가 있고 그중 하나가 문제를 일으킬 수 있다면 누군가는 꼭 그 방법을 사용한다."고 했는데 이것이 훗날 머피의 법칙이 되었다.

일어날 수도 있는 안 좋은 일을 사전에 대비해야 한다는 뜻으로 그가 한 말이었지만, 나중에는 일이 잘 풀리지 않고 꼬일 때 머피의 법칙으로 유행하게 되었다. 즉 "안 좋은 생각을 하면 꼭 그대로 이루어진다."는 것이 바로 머피의 법칙이다. 반대로 일이 자꾸 잘 풀리는 것은 '샐리의 법칙'이라고 한다.

이런 관점에서 보면 "안 되는 것도 될 수 있다."는 생각을 가지고 한다면 더 잘될 수 있다. 그렇게 되려면 기본적으로 긍정적인 마음을 가지고 있어야 한다. 실제로 넘치는 욕심은 'no'보다도 더 못하고 이것이 넘치게 되면 오히려 마이너스가 될 수 있다.

어떤 일을 앞에다 두고서 이것이 나에게 적절한지 않은지, 이를 잘 판단하려고 노력하다 보면 지혜가 저절로 증득되어 나중에는 자신이 원하는 바가 이루어지게 마련이다. 그러므로 어떤 일을 할 때 자기만의 뚜렷한 주관을 가지고 순리에 따라 행하면

행복의 그릇을 채우기 위해

안 될 일도 잘될 수가 있다. 그렇게 되면 반드시 자신이 원하는 바가 이루어진다.

그러므로 'yes와 no' '긍정과 부정'은 항상 합리적인 사고로 뒷받침이 되어야 한다. 어떤 일을 앞에 두고서 무엇을 어떻게 판단하느냐에 따라서 인생이 달라질 수도 있기 때문에 무조건적인 'yes'와 'no'보다는 합리적인 사고를 가지도록 노력하는 것이 인생을 보다 행복하게 사는 비결이다.

요즘 세상엔 눈을 뜨고 있어도 눈먼 장님이 너무도 많다. 눈앞에 있는 것을 잡으려다 보면 자꾸 도망가는 게 인생이다. 복도 마찬가지다. 내가 잡으려고 애를 쓰면 안 되고 모든 것을 내려놓고 부처님께 기도를 하다 보면 언젠가 좋은 날이 반드시 오게 된다.

어쨌든 나는 LA에서 흑인 종업원이 따라준 쓰디쓴 커피를 거절하지 못한 덕분에 그날 밤 무척 고생했다. 혹시 당신도 그런 적이 있지 않은가. 상대방의 마음을 다치게 하지 않고 거절하는 방법을 지금부터라도 당신은 배워야 한다.

아름다운 미소가 행복을 만든다

미국 16대 링컨 대통령은 취임 후, 내각을 구성한 뒤 수행비서를 채용하기 위해 주위 사람들에게 추천을 받았다. 그는 측근이 추천한 사람의 얼굴만을 보고 난 뒤 첫인상이 마음에 들지 않는다는 이유로 일언지하에 거부했다.

그 순간 측근이 이렇게 말했다.

"얼굴은 부모님이 만들어주신 건데 본인이 무슨 책임이 있습니까?"

링컨은 곰곰이 생각하다가 말했다.

"당신은 그렇게 생각하십니까? 부모님이 만들어주신 얼굴로 태어나는 건 맞지만 마흔이 넘어서면 자기 얼굴은 자신이 책임져야 합니다."

측근은 링컨의 말을 듣고 우물쭈물하다가 물러났다.

사람의 첫인상은 얼굴에서 모두 나타난다. 얼굴의 '얼'은 마음이 담긴 영혼이란 뜻이다. '굴'은 통로라는 의미로서 '영혼을 찾아가는 통로'이므로 사람에게 있어 얼굴보다 더 중요한 건 없다.

석가모니 부처님께서도 대중들에게 설법하시면서 가장 먼저 강조하신 법문이 '화안애어'인데 다른 말로 하면 '염화미소(拈華微笑)'로서 "꽃 같은 미소로서 사랑스러운 말을 하라."이다.

링컨이 수행비서가 될 사람의 면접을 보고 즉각 거부한 것은 얼굴이 못생겨서가 아니라 첫인상에서 좋지 않은 선입감 같은 걸 느꼈기 때문이다. 못생겨도 환한 미소가 서려 있었다면 그렇게까진 거부하지 않았을 것이다. 지구상에는 수십억명이 살고 있지만 생김새나 표정이 다 다르고 똑같은 얼굴을 가진 사람은 쌍둥이밖엔 없다.

그런데 똑같은 게 하나 있다. 그게 무엇일까? 그건 천진난만한 아기의 얼굴이다. 방긋방긋 웃는 얼굴에는 탐욕과 성냄과 어리석음의 삼독이 전혀 없다. 그게 바로 선함이다. 사람이 착한 마음을 가지고 살면 얼굴에서 착함이 드러나고 악한 마음을 가지고 있으면 악한 마음이 드러난다. 아마 링컨도 그걸 염두에 두었을 것이다.

요즘 법문을 하다 보면 신도분들과 가끔 눈을 마주친다. 그럴 땐 서로가 빙그레 웃는다. 왜일까, 서로가 이심전심으로 바라보기 때문이다. 우리의 얼굴 근육이 지을 수 있는 표정은 무려 수만 개나 되고 그 표정을 결정짓는 건 마음이다. 법당에서 법문을 하다 보면 간혹 보살님들이 오만 가지 인상을 지으면서 걱정하는 모습을 보는데 참 답답하고 내 마음마저 불안해진다.

한번은 어떤 보살님이 법당에서 기도하다가 하소연을 했다.

"부처님, 사촌이 아파트를 사서 배가 아파 죽겠어요."

들어보니까 딱 기가 찼다. 사촌이 조그만 집도 아니고 40평짜리 아파트를 샀다는 것이다. 그러더니 한술 더 떴다.

"부처님, 사촌이 넓은 아파트를 사서 배가 아프니 최소한 나는 사촌보다 한 평이라도 더 넓은 아파트를 주셔서 낫게 해주세요."

그 신도는 쓸데없는 배앓이를 하고 있었다. 만약 당신이 부처님이라면 어떻게 생각하겠는가. 고민 끝에 나는 그 신도의 마음과 표정을 한번 바꿔보자고 생각했고 그 신도를 따로 만났다.

"얼굴은 그 사람의 마음인데 그런 심보로 기도해서 어떻게 사촌보다 더 넓은 아파트를 사겠어요. 복을 받으려면 사촌이 아파트를 사서 기쁜데 '저에게도 그런 가피를 주세요' 하고 싱글벙글 웃으면서 기도를 해보세요. 틀림없이 부처님께서 소원을 들어주실 겁니다."

내 말을 듣던 신도는 그제야 알아들었는지 얼굴에 미소가 가득해졌다. 얼마 후 신도는 자신의 소원을 이루게 되었다.

얼굴은 그 사람의 인격으로서 "얼굴에 짜증이 가득한 사람은 돈도 빌려주지 말라."는 속담이 있다. 얼굴은 사람의 재산이다. 이런 간단한 논리를 신도는 몰랐던 것이다. 미소가 가득한 사람에게는 못된 병도 왔다가 도망가버린다. 술 취한 사람에겐 헛소리를 해도 되지만 정신 똑바른 사람에게 헛소리를 하면 오히려 미친 사람 취급받는 것처럼 못된 병도 정신이 똑바른 사람에겐 잘 오지 않는다. 병도 사람의 마음을 가린다.

비록 힘들고 어렵게 살더라도 항상 미소를 가진 사람에겐 반드시 좋은 일이 온다. 왜냐하면 행복의 비결은 평온한 마음에서 오기 때문이다. 문제는 내 마음을 제대로 다스리지 못하는 데에 있다.

세상에는 공짜가 없다. 모든 일에는 밑천이 있어야 하지만 미소엔 밑천이 들지 않는다. 기도할 때는 초 한 자루라도 사서 촛불을 켜놓고 거울을 보듯이 자신의 얼굴과 내면을 한번 들여다보라. 그러다 보면 어느 날 나의 마음자리가 찾아진다. 그게 바로 행복이다. 그러므로 복을 듬뿍 받고 싶으면 악한 마음을 버리고 항상 아름다운 미소로서 사랑스러운 말을 하라.

긍정의 힘

사람은 누구나 다 성공하고 싶어 하지만 그 가치를 어디에 두고 있는가에 따라서 성공의 척도는 확연히 달라진다. 재물을 많이 가지는 것, 명예를 얻는 것, 학자나 과학자가 되는 것, 혹은 정치인이 되는 것 등 사람은 저마다 자신이 가진 꿈을 이루어내고 싶어 한다.

자신의 꿈을 성취했을 때 우리는 '성공한 인생'이라고 말한다. 그러면 어떻게 해야만 자신의 꿈을 이룰 수 있을까. 부단한 노력이 필수지만 무엇보다도 긍정의 힘을 가져야만 한다. 여기 그런 사람이 있다.

미국의 17대 대통령 존슨은 세 살에 아버지를 여의고 몹시 가난하여 학교 문턱에도 가보지 못했다. 그러나 그는 누구보다도 긍정적 사고의 소유자였다. 열세 살에 양복점에서 일을 배우고 가게를 차려서 불과 4년 만에 큰돈을 벌었다. 그 후 구두 수선공의 딸과 결혼, 아내로부터 글을 읽고 쓰는 법을 배우게 된다. 특히 그는 독서를 많이 해 여러 분야에서 스스로 지식을 쌓아나간다.

존슨은 많은 독서 끝에 미국이 직면한 문제는 불안정한 정치에 있다는 걸 깨닫고 정계에 뛰어들어 테네시 주 주지사와 상원의원이 된 후, 마침내 링컨을 보좌하는 부통령이 되었다. 링컨이 의문의 암살을 당한 후에는 17대 대통령 후보에 출마했다. 하지만 그에게는 딱 하나의 약점이 있었다. 초등학교도 나오지 못한 학력인데 상대 후보자는 이것을 약점으로 삼아서 맹렬한 비난을 퍼붓기 시작했다.

"미국이라는 거대한 나라를 이끌어가야 할 대통령이 초등학교도 나오지 않았다는 건 도대체 말이 안 됩니다."

당신이라면 상대방으로부터 그러한 치욕적인 말을 들었을 때 어떻게 대응하겠는가. 상대 후보가 맹공을 해도 존슨은 자신의 약점을 오히려 강점으로 바꿀 수 있는 긍정의 힘을 가지고 있었다. 그는 침착하게 대응하여 자기에게 불리한 상황을 일순간 역전시켜버린다.

"맞습니다. 나는 초등학교도 나오지 못한 사람입니다. 하지만 지금 나는 미국의 대통령 후보가 되었습니다. 제가 알기론 여러분들이 그토록 찬탄하는 예수님도 초등학교를 나왔다는 말을 나는 아직 들어본 적이 없습니다. 그런 분이 지금은 어떻습니까. 구원의 길로 모두를 이끌고 계십니다. 미국이라는 한 나라를 이끄는 힘은 학력이 아니라 힘든 가운데서도 일어나는 내 안의 긍정적 힘이요, 의지이며, 국민의 적극적인 지지입니다."

그는 이 한마디로 단번에 미국인들을 사로잡고 대통령으로 당선이 된다. 만약, 그에게 스스로의 약점을 극복할 수 있는 긍정적 사고가 없었다면 역사에 남는 인물이 되지 못했을 것이다.

그 후 존슨은 재임 시 구소련으로부터 720만 달러에 동토의 알래스카를 사들인다. 아무짝에도 쓸모없는 땅을 사들이면서 정치인들로부터 '그야말로 미친 짓'이라고 엄청난 욕을 먹으면서도 알래스카는 위대한 땅이 될 것이라는 긍정적인 마인드를 버리지 않고 결국 성사시켰던 것이다. 알래스카는 석유의 보고(寶庫)가 되었다. 이처럼 무학인 소년 존슨이 미국 대통령이 될 수 있었던 위대한 힘은 무엇일까. 바로 긍정의 힘이었던 것이다. 긍정의 힘은 그 어떤 힘보다도 세다.

내가 스님이라고 해서 부처님 법문만 하라는 법은 없다. 세상을 살아온 위인들의 이야기나 부처님의 법도 모두가 잘살기 위한 긍정의 가르침이기 때문이다.

예전에 절에 오시는 신도들 중에 연세가 많고 항상 웃으시면서 긍정적으로 사시는 분이 있었다. 한번은 그분에게 지금 건강이 어떠냐고 물었던 적이 있었다. 그런데 그 대답이 나에게 많은 것을 생각하게끔 했다.

"응, 아주 건강해. 위암 말기 빼고는 다 좋아."

"네, 위암 말기라고요?"

그분은 나에게 자신은 위암 말기라고 웃으면서 당당하게 말하고서는 한술 더 떴다.

"나는 빈손으로 왔는데 지금은 집도 있지, 남편도 있지, 자식도 있지, 난 너무 행복해. 지금 내가 위암 말기 환자인데 사람은 언젠가는 온 곳으로 되돌아가야 하니 그 되돌아가는 시간을 알 수 있다는 게 너무 행복해."

나는 그분의 말을 듣고 한동안 정신이 나간 듯이 '멍'했다. 언제 죽을지도 모르는 분이 저리도 태연하게 말하는 게 도무지 믿기지 않았던 것이다. 자신에게 찾아온 병을 스스로 받아들이는 모습이 부처님께서 인도 쿠시나가라의 사라쌍수 아래에서 조용히 열반에 드시기 전의 모습과 같았다.

지금도 그분은 예상보다 훨씬 더 오래 암세포를 다스리면서 살고 있다. 결국 몸속의 암도 긍정적인 마인드를 가진 사람에겐 어쩔 수가 없는가 보다. 이렇듯 긍정의 마인드는 보이지 않는 어떤 큰 힘을 던져준다. 우리의 삶에선 무엇을 아느냐 모르냐가 중요한 게 아니라 어떤 자세로 나에게 주어진 일이나 어려움을 대하느냐가 더 중요하다는 것이다.

누구에게든 일을 하는 건 당연히 피곤하고 힘들다. 하지만 이를 그대로 받아들이고 극복하고자 하는 긍정의 마인드를 가진다면 그 어떤 어렵고 힘든 일도 다 해낼 수가 있다. 반면, 일을 하면서도 "힘들어서 죽겠다."고 자책하면 결국 힘든 과정을 겪게될 수밖에 없다. 차라리 힘듦을 내 것으로 받아들이고 이를 긍정적 사고로 바꾸는 것이 바로 성공의 지름길이다.

존슨 대통령처럼 한 번쯤 자신의 인생을 바꾸어보라. 아무리 힘든 일도 나에게 주어진 행복이라고 생각한다면 저절로 이루어지게 된다. 이것이 바로 부처님의 법이고 지혜의 가르침이다. 좋은 생각을 하면 좋은 일이 생긴다. 조금 힘들다고 해서 남을 탓하지 말고 자신이 부족한 것이 무엇인지를 스스로 찾아서 그 부족함을 메워나가는 것이 바로 마음자리를 찾는 공부이다.

일편단심 부처님

다들 알겠지만, 조선시대에 황진이라는 기생이 있었다. 그녀는 진사 첩의 딸이었다는 설과 맹인의 딸이었다는 설이 있는데 열다섯 살 때부터 기생이 되었다고 한다. 본명은 황진(黃眞), 기명(妓名)은 명월(明月)로서 당시 조선팔도에서도 가장 유명한 기생으로 널리 알려져 있었다.

야사(野史)에 따르면, 이웃 총각이 그녀를 연모하다 상사병으로 죽었는데 상여를 끄는 말이 황진이 집 앞을 지나가다가 멈추어서서 슬피 울었다. 이를 알아차린 황진이는 속적삼을 벗어서 덮어주었는데, 그제야 말이 울음을 멈추고 길을 떠났다. 그때 삶의 회의를 크게 느껴 황진이는 기생이 되었다고 한다.

황진이는 시와 창(唱)에 뛰어난 절세의 미인이었다. 일화에 따르면 10년 동안 수도에 정진하여 생불(生佛)로 불리던 천마산 지족암의 지족 선사(知足禪師)를 유혹하여 파계시키기도 하였다. 그녀가 남긴 시조는 〈박연(朴淵)〉·〈영반월(詠半月)〉·〈등만월대회고(登滿月臺懷古)〉·〈여소양곡(與蘇陽谷)〉 등이 있는데 주로 연석(宴席)이나 풍류장(風流場)에서 지어졌다. 기발한 시적 이미지와 세련된 언어 구사를 남김없이 표현하고 있다는 점에서 그녀의 시조는 지금도 높이 평가된다.

화장도 안 하고 머리만 묶어도 광채가 나고 예쁜 황진이에게 많은 한량들이 연정을 고백했다. 그때마다 황진이는 '점일이구 우두불출(點一二口 牛頭不出)'이란 문제를 써내고 이걸 풀면 사랑을 받아들이겠다고 하면서 자신을 사모하는 이들을 거절했다.

어느 날, 황진이가 있는 기생집에 남루한 차림의 선비가 들어오려고 했다. 그것을 보고 일꾼들이 쫓아내려 해 소란이 일었다. 황진이가 선비를 바라보니 비록 돈은 없어 보이지만 범상치 않은 생각이 들어 술상을 차려놓고 먹과 벼루를 갖고 와서 '점일이구 우두불출'이란 글을 써서 문제를 내었다.

그걸 본 선비가 빙그레 웃으면서 한문으로 '허(許)' 자를 쓰자 황진이가 즉시 일어나서 삼배를 올렸다. 당시 절의 법도(法道)로는 보통 살아 있는 이에게는 일배를, 죽은 이에게는 이배를, 여자가 첫 정절을 바친 남자에게 또는 신하가 임금에게는 삼배를 하례했다.

선비는 왜 '허(許)'라고 했을까? '점일이구(點一二口)'의 일이구 (一二口)를 모두 합치면 '말씀 언(言)' 자가 되고 '우두불출(牛頭不 出)'은 "소머리에 뿔이 없다."는 뜻이니 '우(牛)'에서 뿔을 떼어버리 면 '오(午)' 자가 되는데 두 글자를 합치면 '허락할 허(許)' 자가 된 다. 이 글자를 해석할 수 있는 한량(閑良)이라면 자신을 송두리째 바쳐도 아깝지 않겠다고 황진이는 판단했던 것이다.

내가 오늘 법문하다가 갑자기 황진이의 사랑 이야기를 하는 것 은 우리가 그토록 사랑하는 부처님에 대한 마음가짐을 되새기기 위함이다. 대개 불자들이 부처님께 올리는 절은 최하가 삼배이 다. 물론, 부처님께 백팔배도 하고 삼천배도 올린다.

절을 할 때는 반드시 알아야 할 것이 있다. 부처님께 올리는 절 은 사실 부처님께 하는 것이 아니라 자신에게 하는 절이라는 것 이다. 왜 그럴까? 절의 공덕은 부처님이 가지고 가는 게 아니라 자신이 도로 받아가는 것이기 때문이다.

어쨌든 황진이는 선비가 자신이 낸 문제의 답을 맞혔으니 그날 밤 선비와 함께 만리장성을 쌓았다. 선비는 보름이 지난 후 창호 지에 이런 글을 써놓고 바람과 함께 갑자기 사라져버렸다.

"물은 고이면 강이 되지 못하고, 바람이 불지 않으면 꽃이 피지 아니하네. 내가 가는 곳이 집이요, 하늘은 이불이며, 목마르면 이 슬 마시고, 배고프면 초근목피가 있으니 이보다 더 좋은 세상이 어디 있겠는가.”

황진이는 떠나간 선비가 너무나 그리워서 손이 부르트도록 그의 가죽 신발을 손수 지은 후 가산을 정리하여 팔도로 그를 찾아 나섰다.

어느 날, 한 절에 선비가 머물고 있다는 소문을 듣고 황진이는 한걸음에 달려가서 재회했다. 다음 날 아침, 해가 중천에 떴는데도 선비는 도무지 일어날 생각을 하지 않았다.

황진이가 선비에게 이렇게 말했다.

“서방님, 해가 중천에 떴는데 어찌 일어날 생각을 안 하시는지요?”

선비는 지그시 눈을 감고는 지금 배가 고파 오장이 뒤틀려서 못 일어난다고 했다. 황진이는 황급히 달려가서 밥상을 차려왔지만 선비는 온데간데없고, 어젯밤에 바친 가죽 신발만 덩그러니 남아 있었다.

그 순간 황진이는 선비의 사랑은 자신이 소유할 수 있지만, 몸은 소유할 수 없음을 깨닫고 깊고 넓은 사랑을 받은 것만으로도 위안을 삼으며 죽을 때까지 그를 그리워했다. 그 선비가 바로 서경덕이다. 그 후 황진이는 박연폭포, 서경덕과 함께 송도삼절(松都三絕)로 불렸다.

사람은 받고 줄 줄도 알아야 한다. 과연 서경덕은 받을 줄만 알고 주는 것을 몰랐을까. 당신은 어떻게 생각하는가? 황진이가 서경덕을 그리워하고 일편단심 민들레 같은 마음을 가지고 있었으니 500년이 지난 오늘에도 그 사랑의 이야기가 야사로 전해져 오고 있는 것은 아닐까? 별 볼 일 없는 사랑이라면 벌써 먼지처럼 날아가고 없었을 것이다.

그런데 우리 불자들은 황진이의 야사를 듣고 어떤 생각이 드는가. 서경덕과는 비교조차 할 수 없는 부처님을 사랑하다가 너무 쉽게 버리는 것은 아닌지 모르겠다.

만약, 우리 불자들이 황진이가 일편단심 선비를 사랑했듯이 부처님을 사랑한다면 틀림없이 큰 가피를 주실 것이다.

어떻게 살아야 하는가

요즘 인생은 60세부터라고 한다. 한창 일할 나이에 은퇴하고 나니 괴로움이 더 많아지는 나이가 바로 60세이다. 그러나 의학의 발달로 인해 적어도 기대수명이 90세라고 하니 별수 없이 우리는 살아야 한다. 무려 30년이나 남은 세월 동안 무엇을 하면서 어떻게 살 것인지를 지금부터 걱정하지 않으면 안 된다. 그 생각을 하면 불쑥 겁부터 나는 게 사실이다.

옛날, 공자는 《논어(論語)》〈위정편(爲政篇)〉에서 60세를 '이순(耳順)'이라고 했다.

"나이 열다섯에 학문에 뜻을 두었으며[吾十有五而志于學] 서른에 뜻이 견고하게 섰으며[三十而立] 마흔에는 어떤 일에도 유혹되지 않았으며[四十而不惑] 쉰에는 하늘의 명을 알게 되었으며[五十而知天

命] 예순에는 누군가의 말을 듣기만 해도 곧 그 이치를 이해하게 되었으며[六十而耳順] 일흔이 되어서는 마음이 하고 싶은 대로 움직여도 어떤 법에도 어긋나지 않았다[七十而從心所欲 不踰矩]."

공자의 말에 따르면, 50세는 하늘의 뜻에 따라 삶과 죽음이 갈리는 나이였지만 요즘은 의학의 눈부신 발달로 인해 청년기다. 그리고 말을 듣기만 해도 곧 하늘의 이치를 안다는 60세는 '이순'이다. 지금 우리가 공자가 깨친 삶의 이치를 자각하면서 살고 있는지는 잘 모르겠다.

지금까지 인류 역사상 가장 오래 장수를 누렸던 사람은 영국인 토마스 파(Thomas Par)였다. 그는 키 155cm, 몸무게 53kg으로 80세까지 총각으로 살다가 122세 때 45세의 여자와 결혼하여 아들과 딸을 낳고 무려 153세까지 살았다.

영국 여왕은 부부를 왕실로 불러 융숭하게 생일잔치를 베풀어 주었는데 상에 차려준 음식들이 난생처음 먹어보는 맛있는 것들이어서 토마스 파는 그날 이후부터 과식하다가 갑자기 두 달 후에 세상을 떠났다.

우리는 토마스 파의 삶을 보고 무엇을 느끼고 있는가. 인간의 수명은 확실히 행복의 질에 따라서 결정되며 음식과도 매우 밀접한 관계가 있다는 걸 단번에 알 수가 있을 것이다. 스트레스를 받지 않고 소식(小食)하는 것이 오래 사는 비결이다.

옛날 선가(仙家)의 도(道) 높은 스님들도 죽음을 불사하는 '사관(死棺)의 패(稗)'를 동굴 앞에 내걸고 수행했다. 대표적인 수행자가 바로 달마이다. 그는 동굴 속에서 무려 9년 동안 면벽수행하고 깨침을 얻고 난 뒤 그가 깨달은 것을 이조 혜가, 삼조 승찬, 사조 도인, 오조 홍인, 육조 혜능에게 차례로 이어지게 했다. 이것이 중국 선불교가 자랑하고 있는 육조조사(六曹祖師)이다.

달마가 주창한 선불교는 이후 한국으로 전해져서 오늘날 대한불교 조계종으로 탄생하게 된다. 조계란 혜능 스님이 수행하던 조계산에서 따온 것이다. 그런데 어떤가. 한국 불교는 점점 나락으로 떨어지고 있다. 달마의 선불교 정신이 사라지고 있는 것이다.

요즘 성직자들은 끊임없이 자기 변화의 삶을 살아야 한다. 그 나이가 바로 60세이다. 공자의 말처럼 누군가의 말을 듣기만 해도 곧 그 이치를 이해하게 되는 나이에 우리는 새로운 삶을 설계하고 그에 맞게 살아야 한다.

늦었다고 해서 늦은 게 아니다. 지금부터라도 우리에게 맞는 삶의 기준을 세우는 것이 매우 중요하다. 그러니 나이가 너무 먹었다고 자기 스스로 좌절하지 말고 너무 힘들어 하지 말라. 순리를 따라가는 늙음도 인간이 지니는 유일한 행복임을 잊지 말라.

어린이날을 제정한 방정환 선생의 지혜

석가모니 부처님은 싯다르타 왕자 시절 동서남북 성문 밖으로 나가서 인간의 생로병사를 보고 출가했다. 부다가야 보리수 아래에서 선정에 드신 뒤 깨달음을 얻고서 마침내 부처가 되고 난 후 중생제도를 위해 가장 먼저 마음수련을 위해 열 가지의 발원을 세웠다.

"첫 번째, 살아 있는 생명체를 죽이지 않겠다. 두 번째, 도둑질을 하지 않겠다. 세 번째, 사음을 하지 않겠다. 네 번째, 남을 속이지 않겠다. 다섯 번째, 이치에 맞지 않는 말을 하지 않겠다. 여섯 번째, 다른 사람을 비하하거나 욕하지 않겠다. 일곱 번째, 쓰잘 데 없는 말을 하지 않겠다. 여덟 번째, 욕심을 가지지 않겠다. 아홉 번째, 화를 내지 않겠다. 열 번째, 깨달음을 얻어서 무지에서 벗어나겠다."

이것을 불교에서는 신구의(身口意) 삼업(三業)이라고 한다. 몸으로 짓는 세 가지 업인 살생·투도·사음, 입으로 짓는 네 가지 업인 망어·기어·양설·악구, 마음으로 짓는 세 가지 업인 탐애·진애·치암이다. 대개 이를 통칭하여 십악업이라고 하는데 석가모니 부처님께서 성불하시고 난 뒤 가장 먼저 생각하신 자기 수련의 열 가지 방법이다.

사실, 우리가 이 열 가지를 다 지키기는 힘들다. 이 중에서 단한 가지만이라도 제대로 실천한다면 그는 부처와 다름없다. 더구나 먹고살기가 어려워서 우리는 마음을 다스리기조차 힘들다. 그런 가운데서도 부처님과 같은 따뜻한 삶을 실천한 선각자가 있다. 어린이날을 제정하신 소파 방정환 선생이다.

어느 날 한밤중에 방 선생이 책을 읽고 있었는데 복면을 한 도둑이 시퍼런 칼을 들고 집에 침입했다.

"꼼짝 말고 손들고 있어."

보통 사람들은 칼을 든 강도를 보면 사지가 벌벌 떨렸을 것이지만 방 선생은 오히려 태연하게 말했다.

"이보게, 꼼짝 말라고 하면 어떻게 손을 들 수 있는가?"

강도는 방 선생의 기개에 놀라 주춤했다.

"손들고 꼼짝하지 마. 잔소리하지 말고 돈을 모조리 내놓으시오. 그렇지 않으면 지금 당신을 죽일 것이오."

그러나 방 선생은 태연하게 도둑의 얼굴을 천천히 노려보면서 서랍 속에 든, 일제시대 당시로서는 매우 큰돈인 390원을 꺼내었다.

"내가 가진 돈은 이게 전부요. 어서 가지고 가시오."

도둑이 정신없이 돈을 움켜쥐고 집을 나서려는데 방 선생이 그를 다시 불렀다.

"여보게, 내가 당신에게 돈을 줬으면 최소한 고맙다는 인사는 하고 가야지요. 사람이 왜 그렇소. 아무리 바쁘다고 하더라도 어떻게 그냥 간단 말이오?"

강도는 놀란 표정을 지었다.

"고맙소."

강도는 욕설 섞인 한마디를 내뱉고는 얼른 도망을 쳤다. 그런데 꼬리가 길면 잡힌다고 날이 새자 순경이 도둑을 잡아서 확인하려고 데려왔다.

"이 사람이 간밤에 여기 왔었죠?"

"예, 여기 왔었죠."

"이 사람이 도둑질을 했는지 확인하러 왔습니다."

그런데 방 선생은 뜻밖의 대답을 했다.

"왔지요. 이 사람이 돈을 빌려달라고 하도 사정하길래 딱해 보여서 돈 390원을 빌려줬소. 더구나 내게 고맙다는 인사까지 하고 갔는데 무슨 잘못이 있기에 이 사람을 잡아왔습니까?"

방 선생은 오히려 강도를 잡아온 순경을 꾸짖었다. 순경은 뒤통수를 긁적이며 눈치만 살피고 있었다.

방 선생이 말했다.

"순경 양반, 도둑이 훔쳐가면서 고맙다고 인사하는 것 봤소?"

순경은 더 이상 할 말이 없어져서 그냥 가버렸다.

그제야 강도는 무릎을 꿇고 방 선생께 절을 올렸다.

"세상에, 이렇게 훌륭하신 분은 처음 만났습니다. 저의 잘못을 용서해주세요."

방 선생은 강도의 등을 토닥이면서 이렇게 말했다.

"그래요, 아무리 생활이 힘들다고 하더라도 도둑질을 하면 안되는 거요. 앞으로는 그렇게 살지 마시오."

"선생님, 은혜를 잊지 않겠습니다만 한 가지 부탁이 있습니다. 선생님의 곁에서 평생 시봉하면서 살도록 해주십시오."

이렇게 방 선생의 기개와 지혜 덕분에 강도는 개과천선하고 평생을 방 선생 곁에서 시봉하며 살았다고 한다.

이 일화를 듣고 우리는 어떤 생각을 할 수 있을까. 주위에는 눈에 보이지 않는 부처님이 많이 있다. 방 선생이 바로 부처님인 것이다. 석가모니 부처님이 중생을 위해 세운 자기 수련 열 가지 발원 중에서 방 선생은 남의 물건을 훔치는 도둑을 제도한 선각자였다.

단점이 장점이다

인간은 완벽할 수 없다. 잘하는 게 있으면 못하는 것도 있다. 우리가 사는 세상은 혼자서는 절대로 살아갈 수 없는 곳이다. 각자가 가진 장단점을 서로 보강하면서 나누면서 살아야 한다. 그래서 세상은 공평하다.

단점 없는 사람은 없다. 남보다 부족하고 단점이 많은 사람일지라도 노력하면 오히려 더 크게 성공할 확률이 높다는 것은 이미 통계로 잘 나와 있다. 왜 그럴까? 비록, 가진 것이 없고 남들보다 덜 배웠지만 자신의 부족함을 스스로 극복하려는 강한 정신력이 있기 때문이다. 이와 달리 가진 것이 많음에도 불구하고 자만심으로 인해 나락으로 떨어지는 경우를 우리는 심심찮게 목격한다.

아시다시피, 축구 국가대표였던 유상철 선수는 어릴 때 불의의 사고로 인해 왼쪽 눈의 망막에 손실을 입어서 거의 시력을 잃었다. 그는 자신의 단점을 알고 피나는 노력을 했다. 왼쪽 눈이 거의 보이지 않기 때문에 축구공을 전봇대 같은 데 매달아놓고 끝없이 헤딩 연습을 한 덕분에 골을 발보다는 머리로 넣은 적이 더 많았다.

박지성 선수는 애초부터 운동할 수 없는 평발로 태어났다. 잘 걷지도 못하고 지구력도 없기 때문에 구보와 행군을 많이 하는 군대조차 갈 수 없었다. 그런 그가 어떻게 세계적인 축구선수가 되었을까? 축구로 성공하겠다는 집념과 노력이 지금의 그를 만든 것이다. 이런 일이 어디 운동뿐일까?

우리 주위에는 자신의 단점을 오히려 장점으로 만든 많은 주인공들이 있다. 20여 년 전 상영되어 많은 사람들을 감동시켰던 〈포레스트 검프〉도 바로 그런 사람을 주제로 만든 영화이다. 허구가 아니라 실제로 있었던 일에 픽션을 가미해서 만든 영화로서 톰 행크스가 주연을 맡았다.

어린 시절 아이큐가 75에 지나지 않으며 다리도 불편했던 주인공이 우연히 벤치에서 만난 노인에게 자신이 살아온 삶의 이야기를 들려주는 것으로 이 영화는 시작된다. 그의 어머니는 희망을 잃지 않고 아이를 키웠다.

그 아이에게는 남들보다 잘하는 게 하나가 있었는데 바로 달리

기였다. 포레스트는 빠른 발을 이용, 베트남에서 부상당한 동료를 구하는 등 혁혁한 공을 세워 무공훈장을 받게 되고 일약 스타가 된다. 상상할 수 없을 정도로 빠른 달리기 실력 덕분에 미식프로축구 선수로도 활약하게 된다. 나중에는 베트남에서 죽은 동료병사와의 약속을 지키기 위해 새우잡이 배의 선장이 된다.

이것은 나중에 큰 행운으로 돌아오게 된다. 폭풍이 불어 모든 새우잡이 배들이 침몰하고 그의 배만 유일하게 살아남아서 새우 값이 폭등하는 바람에 일약 갑부가 된다. 재물에는 도무지 관심이 없었지만 그럴수록 그는 더 큰 부자가 된다.

그에게는 어릴 적부터 사랑하는 제니라는 한 여인이 있었다. 그녀는 포레스트에게는 전혀 관심이 없고 방탕한 생활만 하다가 아직도 포레스트가 자신을 기다리고 있다는 소식을 듣고 그를 찾아온다. 하지만 그녀는 포레스트와 단 하룻밤의 사랑을 나누고서는 다시 떠나버린다.

포레스트는 홀연히 가버린 여인을 잊기 위해 무려 3년 2개월 열여섯 시간 동안 미국 전역을 마라톤으로 달리고 이 사실을 안 제니는 병든 몸으로 찾아와서 그와 여생을 보내지만 결국 죽음을 맞으며 포레스트는 단 한 번의 사랑으로 낳은 아들과 함께 여생을 보낸다는 이야기이다.

우리는 이 영화 속에서 무엇을 느낄 수 있을까? 우리가 살고 있는 세상에는 약자도 강자도 없으며, 쓸모없는 사람은 단 한 명도 없다는 것을 알 수 있다.

　또 하나의 예를 들어보자.

　톰슨이라는 미국 사람이 있었다. 그가 이력서를 들고 어떤 회
사를 찾아갔다. 그 회사의 일들은 대부분 상당한 체력을 요구하
는 힘든 것이어서 사람들이 오래 버티지 못하고 그만두는 일이
잦았다.

　그에게 면접관이 물었다.

　"이곳이 어떤 일을 하는 곳인지 알고 왔습니까?"

　톰슨이 말했다.

　"예, 잘 알고 있습니다. 저는 이력서에 기재되어 있듯이 젊었
을 때 저지른 범죄로 인해 35년간이나 감옥에 갇혀 있다가 만기
출소를 했습니다. 그 속에서 배운 것은 인내였습니다. 저는 지금
간절하게 일을 원하고 있습니다. 비록 전과자에 지나지 않지만
교도소에서 열심히 배워 기술 자격증도 받았습니다. 또다시 회
사에서 쫓겨나지 않으려면 이곳에서 열심히 일을 해야 합니다.
부디 저를 채용해주세요."

　사장은 곰곰이 생각했다.

　'저런 신념을 가지고 있다면 전과자라도 일을 열심히 할 수 있
을 것이다.'

　사장은 그를 채용했다. 그는 혼신의 힘으로 회사를 위해 최선

을 다해 일했다. 사장과 동료들은 마침내 그를 신임하게 되고 부사장까지 승승장구했다.

인간은 누구나 단점을 지니고 있고 완벽하지 않다. 중요한 것은 자신의 단점을 이겨내기 위해 스스로 노력하는 사람이 되어야 한다는 것이다.

기도도 그와 같다. 기도할 때 숨김없이 자신의 단점을 드러내고 진심으로 기도한다면 부처님께서 반드시 그 서원을 들어 주실 것이다.

연등 보시와 부처님의 가피

석가모니 부처님이 사위국(舍衛國)의 기원정사에 머물고 계실 때였다. 친견 법회가 있는 날, 국왕과 신하들과 많은 장자들이 자신들의 신분에 따라 공양을 올렸다. 그 나라에는 난타라는 한 가난한 여인이 있었다. 많은 사람들이 석가모니 부처님께 등불과 공양을 올리는 모습을 본 난타 여인은 자신의 신세를 한탄했다.

"나도 남들처럼 부처님께 공양을 올리고 싶은데 지금 가진 것이 없어서 아무런 공양도 할 수 없는 내 신세가 정말 슬프구나."

여인은 온종일 구걸했지만 얻은 것은 한 푼의 돈이 전부였다. 여인은 부처님께 등불을 올리고 싶어서 기름집으로 갔지만 그 돈으로는 연등을 밝힐 기름을 살 수 없었다. 주인은 부처님께 등불을 올리고 싶다는 여인의 간절한 서원을 듣고서 감동하여 기름을 많이 주었다. 여인은 등을 하나 만들고 불을 켜서 부처님께 공양을 올렸다.

새벽이 되자 목련 존자가 등불을 끄려고 했지만 난타가 올린 등불만은 이상하게도 손바람을 일으키거나 아무리 흔들어도 도무지 꺼지지 않았다.

이를 본 부처님이 말씀하셨다.

"목련아, 그대로 두어라. 그 등불은 어떤 여인이 자신의 전 재산을 털어서 지핀 등불이다. 너의 힘으론 결코 끌 수 없느니라."

그 후 부처님은 난타 여인의 갸륵한 마음을 알고 제자로 받아들이게 된다. 이것이 '가난한 여인의 등불 이야기'이다. 이것이 부처님 오신 날에 연등을 다는 일의 유래가 되었다.

실제로 난타 여인 같은 이야기가 내가 거처하고 있는 절에서도 일어났던 적이 있었다.

어느 날 웬 부부가 찾아왔다. 부인은 얼굴이 통통하고 건강해 보였는데 남편의 얼굴은 무척 수척하고 어딘가 모르게 몸이 많이 불편해 보였다.

"기도하시러 오셨는지요?"

"네, 스님. 옆에 있는 이 사람은 저의 남편인데 말기암 식도 환자입니다. 그동안 몇 번의 항암치료를 받았지만 별 차도가 없어서 무명사 약사여래부처님께서 영험하시다고 해서 이렇게 찾아왔습니다."

"허허, 우리 절에 계신 약사여래부처님이 그렇게 소문이 많이 나 있어요? 우리 부처님은 의사도 아닌데 어찌 그런 소문이 났을까요? 한 번이라도 부처님을 뵌 적이 있나요?"

그 순간 부인의 얼굴에 미소가 돌았다.

"스님, 저는 불자인데 남편은 절에 가서 단 한 번도 기도한 적이 없습니다. 저를 봐서라도 우리 남편 잘 인도해주세요."

"그래요. 나는 의사도 아니고 기도도 대신해줄 수 없고 살고자 하는 본인의 간절한 마음에 모든 것이 달린 게 아닐까요?"

남편은 항암치료는 물론, 이곳저곳을 다니면서 온갖 치료를 다 받았지만 차도가 없었다. 형편도 급격히 어려워졌다. 포기를 하고 있던 차에 죽기 직전 지푸라기라도 잡아보자는 심정으로 약사여래부처님께 기도나 드려보자고 찾아왔던 것이다.

그런데 남편은 지금껏 종교 생활을 한 번도 해본 적이 없었다. 그런 사람이 이제 와서 병든 몸을 낫게 하겠다고 절에 찾아왔던 것이다.

"스님, 남편의 생도 이제 마감할 때입니다. 비록 남편이 지금 껏 부처님께 기도를 드리거나 공양 한번 제대로 올린 적은 없지만 저라도 가끔 부처님을 찾아와서 기도를 드렸으니 작은 공덕이라도 있지 않겠습니까?"

눈물을 글썽이며 호소하는 부인의 얼굴을 보자 나는 갑자기 측

행복의 그릇을 채우기 위해

은지심마저 들었다. 암이 전이 된 상태라서 의사도 이젠 영 가망이 없다고 했다. 그런 사람에게 내가 마지막으로 할 수 있는 일은 그저 법당에서 열심히 기도하면서 극락왕생을 비는 일뿐이었다.

"그렇다면 제가 시키는 대로 하실 수 있겠는지요? 일단 부부가 함께 백일기도를 지극하게 드리세요. 그리고 자신이 과거에 저지른 죄업을 떠올리면서 참회를 하는 게 매우 중요합니다. 그래야만 자신이 그동안 지은 전생과 현생의 업장들이 다 풀립니다. 모든 병의 원인은 자신에게 있지요."

"간절하게 기도하면 나을 수가 있겠는지요?"

"허허, 내가 의사도 아닌데 그걸 어떻게 알겠어요. 그런 마음은 오히려 나쁜 결과를 주지요. 이왕지사 기도하려고 마음먹었으니 함께 기도를 하세요. 그러다가 보면 혹 기적이 일어날 수도 있습니다."

남편은 절도 올릴 수 없을 정도로 기운이 떨어져 있었지만, 부부는 그날부터 법당에 와서 열심히 기도하기 시작했다. 한 달이 지나자 남편에게서 조금씩 기적이 일어나기 시작했다.

어느 날이었다. 부부가 우연히 연등 가게 앞을 지나가다가 예쁜 연등을 보았는데 그때 남편이 절에 보시하고 싶다고 했다.

부부는 가게 안으로 들어갔다.

"사장님, 저 연등을 꼭 사고 싶은데 얼마 하나요? 하지만 지금은 돈이 없습니다. 제 남편은 현재 말기암 환자인데 저 연등을 부처님 오신 날 절에 보시하고 싶으니 팔지 말아주세요. 돈이 모이면 사러 오겠습니다."

가게 주인은 기다리겠다고 했지만 부인의 마음은 여간 불안하지 않았다. 남편은 예전엔 연등을 봐도 별 느낌이 들지 않았는데 기도를 시작하고부터는 보시하고 싶은 마음이 들었다고 한다. 그 연등은 한 공예 예술가가 공을 들여 만든 것이어서 가격이 꽤 비쌌다.

그날부터 부부는 연등을 사기 위해 돈을 조금씩 모았다. 연등 가게 앞을 매일 지나면서 혹시 누가 먼저 사가면 어쩌나 하고 마음이 늘 조마조마했지만 좀처럼 돈은 모이지 않았다.

나는 이 이야기를 부인으로부터 듣고서 우리 절 신도들에게 법문하는 도중 안타까움을 전했다. 그런데 한 신도가 부부를 위해서 연등을 보시하겠다고 나섰다.

마침내 부처님 오신 날을 며칠 앞두고 연등이 절에 왔다. 저녁 무렵 무명사를 환하게 밝힌 연등은 참으로 아름다웠다.

그런데 갑자기 이상한 일이 일어났다. 연등불을 밝힌 그 시각 집에 누워 있던 남편의 몸이 갑자기 좋아졌다. 남편은 물도 제대로 한 모금 넘길 수 없는 상태였는데 그날은 자리에서 일어나 물도 마시고 미음도 먹기 시작했던 것이다.

"여보, 몸이 날아갈 듯이 가볍고 힘이 솟는 것 같아."

다음 날 부부는 절에 찾아와서 말했다.

"스님, 어제저녁부터 남편의 몸이 많이 나아진 것 같습니다. 그동안 물 한 모금도 삼키기가 힘들었는데 조금씩 마실 수 있고 식사도 할 수 있을 것 같아요. 도대체 무슨 일이 일어났는지 잘 모르겠습니다."

"그래요. 어제저녁부터이지요?"

"그렇습니다, 스님. 어떻게 그 시각을 아시나요?"

"아, 그때는 남편이 보시한 연등에 불을 밝힌 시각이었어요. 부처님의 가피가 작용했던 것 같아요."

"스님, 정말 고맙습니다. 이 은혜를 어떻게 갚아야 할지 모르겠습니다."

몸이 무척 좋아진 남편은 절에 와서 열심히 기도를 하기 시작했다. 말하자면 남편이 부처님을 사랑하기 시작했던 것이다. 몸도 차차 나아지고 지금은 예전의 건강한 모습으로 돌아와서 직장에도 복귀했다. 부부는 지금도 절에 다니면서 종교 생활을 열심히 하고 있다. 나는 그 모습을 보면 참으로 놀랍다.

처음에는 거의 죽은 사람처럼 보이던 사람이 이제는 절도 할 수 있을 정도로 나아졌고 안색도 확연하게 좋아졌던 것이다. 모든 것을 포기했던 사람이 살 수 있다는 희망이 생기자 마음이 변하기 시작하고, 절의 횟수도 가뿐히 십배, 이십배로 늘어났다. 요즘은 매일 백팔배를 한다.

한번은 내가 남편에게 이렇게 물었다.

"어디가 아파요? 식도암이 온 곳이 어디예요?"

나는 남편의 목을 이리저리 만졌다.

"지금도 아픈가요?"

"스님, 이젠 통증도 사라지고 마음껏 음식을 삼킬 수 있어요."

"그래도 병원은 반드시 가야 합니다."

남편이 말기 식도암을 이길 수 있었던 것은 살 수 있다는 간절한 믿음 덕분이었다. 1년이 지난 후 몸의 상태도 많이 좋아져서 병원에 가서 진찰을 받았다. 그렇게 차츰 상태가 좋아지다가 5년이 지난 지금은 몸이 예전의 상태로 돌아왔다. 이렇듯 부처님의 가피는 그냥 오지 않는다. 간절한 기도는 불가능한 것도 가능하게 한다.

부부가 가게에서 본 그 연등은 마치 《현우경(賢愚經)》의 '빈녀난 타품(貧女難陀品)'과 같았다. 말기암 환자가 가게에서 연등을 사려고 간절하게 원했던 건 마치 난타 여인의 가난한 등불 일화와도 같다.

난타 여인처럼 그 지극한 마음이 그를 낫게 한 것은 아니었을까. 기도는 그냥 한다고 되는 것이 아니다. 간절하고 지극한 마음으로 정성을 다해야 한다. 어쩌면 그의 병이 나아진 것도 병을 이겨내겠다는 그의 간절한 의지가 스님을 통해 부처님께 전달된 것은 아니었을까.

기도의 기쁨

사람들은 어떤 일을 처음 시작할 때는 각오를 단단하게 하지만 시일이 지나서 마음먹은 대로 일이 잘되지 않으면 처음 가졌던 그 마음은 어디로 도망을 갔는지 '작심삼일'이 되고 만다.

산 정상도 올라가 본 사람만이 그 기쁨을 안다고 한다. 정상에 서면 모든 세상이 눈 아래 다 보이고 시원한 바람이 불면 꽉 막혀 있었던 마음이 확 트인다. 도중에 하차하는 사람은 정상에 서있는 즐거움과 기쁨을 모른다.

기도도 마찬가지이다. 백일기도를 하겠다고 마음을 먹었으면 꾸준히 실천해야 하는데 어찌 된 일인지 도중에 하차하는 사람들이 많다. 그럴 바에는 차라리 안 하는 것만도 못하다. 그렇지만 자신이 목표한 기도를 마치고 나면 환희심은 절로 일어난다.

기도에 관한 성철 스님의 재미있는 일화가 있다.

눈이 수북하게 쌓인 어느 날, 성철 스님이 계신 해인사 백련암에 수십여 명의 신도들이 찾아왔다.

"에구, 성철 스님을 친견하려면 삼천배를 해야 한다고 하는데 어떡하지?"

법당의 마루는 얼음장인 데다가 신도들은 벌써부터 삼천배를 걱정하고 있었다. 신도들은 성철 스님을 뵙고 법문을 듣는다는 설렘으로 장장 아홉 시간 동안 삼천배를 하기 시작했다.

"와아, 끝났다!"

신도들은 삼천배를 했다는 생각에 기쁨이 스스로 넘쳐흘렀다. 마침내 시자가 그들을 데리고 성철 스님이 계신 염화실로 갔다.

"성철 스님이 우리를 대견하게 생각하실 거야."

"그렇고말고, 우리가 얼마나 지극정성으로 기도했는데……."

마침내 염화실 문이 열리고 성철 스님이 나타났다. 모두 숨을 죽이고 법문을 기다렸는데 신도들의 기대와는 달리 스님은 엉뚱한 말씀을 하셨다.

"시자야. 저기 저 종이 가져오너라."

종이에는 둥근 원(圓) 하나가 그려져 있었다. 신도들은 심장을 쾅쾅 때리는 '마음 법문'을 기대했는데 실망이 컸다.

그때 한 신도가 입을 열었다.

"큰스님, 저희들은 법문을 듣기 위해 추운 법당에서 무려 아홉 시간 동안 삼천배를 했습니다. 가슴을 적시는 멋진 법문 하나만 해주세요."

성철 스님이 말씀하셨다.

"어허, 자기 기도는 자기가 하는 거야. 엄동설한에 삼천배를 했으니 각자에게 큰 기도를 한 셈이지. 그러니 지금 내가 하는 법문은 그 기도에 비하면 뱀의 꼬리에 지나지 않아. 바로 사족(蛇足)이지."

그 순간 신도들은 큰 깨달음을 얻고 돌아갔다고 한다.

이렇듯 기도는 부처님께 하는 게 아니라 바로 나 자신에게 하는 것이다. 내가 아는 어떤 신도는 삼천배를 하겠다고 스님 앞에서 큰소리를 '탕탕' 쳐놓고는 일천배를 겨우 하고는 "아이고, 허리 아프다" 하며 포기를 했다.

그럴 때 내가 하는 말이 있다.

"거봐. 그냥 백팔배를 하겠다고 하면 되지 쓸데없이 삼천배를 하겠다고 내 앞에서 폼을 잡아? 그건 안 하느니만 못한 거야."

그제야 신도는 부끄러운 듯 머리를 끄덕였다. 기도란 누구에게 잘 보이기 위해 하는 것이 아니라 나 자신과의 약속이다. 단 일배를 하더라도 진실로 마음에서 우러나오는 몸짓이 되어야만 진정한 기도의 기쁨을 느낄 수가 있다. 중도에 포기하는 기도로는 회향의 기쁨을 제대로 느낄 수 없다는 뜻이다.

우리 속담에 "구슬이 서말이라도 꿰어야 보배"라는 말이 있듯이 마음만 늘 부처님을 쫓아다니고 실천하지 않으면 아무런 소용이 없다. 기도는 자신의 마음에 달린 문제이다.

가끔 스님들이 법문을 하는데 수군대는 신도들도 있다. 마치 자신이 경전을 많이 공부한 듯이 말이다. 그런 신도들을 보면 오히려 부처님의 가르침을 거꾸로 배운 것 같다.

"스님은 법문을 참 못하시네요. 경전 하나도 제대로 해석하지 못하시네요."

그건 정말 옳지 못하다. 스님이 법문을 잘 못해도 귀한 말씀이니 귀담아 들어야지 하는 마음이 있어야 한다. 말 잘하고 못하는 건 별 의미가 없다. 선천적으로 염불을 잘하지 못하는 스님도 있다. 그런 분에게 못한다고 흉을 보면 더 못한다.

스님도 사람이다. 법문과 염불을 잘하는 스님이 법력이 있다는 말도 다 어불성설이다. 못해도 잘한다고 박수를 치면 법문과 염불도 점점 나아지고 재미가 있다.

심지어 어떤 신도는 평소에는 코빼기도 보이지 않다가 무슨 병에 걸리거나 집안에 일만 생기면 쪼르르 달려와서 애걸복걸하기도 한다.

"부처님, 제발 병이 낫게 해주세요."

그런다고 절대로 부처님께서 병을 낫게 해주지 않는다.

또 어떤 사람은 이렇게 기도한다.

"부처님, 돈을 많이 벌게 해주세요. 자식이 좋은 대학에 가게 해주세요. 영감이 애를 먹입니다."

신도들이 백날 이런 기도를 해본들 부처님은 절대로 도와주시지 않는다. 가피를 얻으려면 그만큼의 복을 남에게 베풀어야 하는데 그건 하지도 않고 복을 그냥 달라고 하면 오히려 죄를 받을 수도 있다. 기도에는 공짜가 없다는 뜻이다.

복의 밭에 씨앗을 뿌려야 열매도 맺기 마련이다. 그래서 불전을 '복전(福田)'이라고 하는 것이다. 복을 받기 위해서는 복을 달라고 하지 말고 복을 베풀 곳을 알려달라고 해야 하는 게 정답이다.

"부처님, 제가 오늘 부처님전에 와서 삼배라도 올릴 수 있는 것만으로도 저는 행복합니다. 부처님, 무엇이 필요한가요? 제가 부처님을 위해서 할 게 뭐죠? 부처님, 말씀해주십시오."

이렇게 한번 기도해보라.

복을 달라고 빌지 말고 부처님을 위해서 자신이 해야 할 일이 무엇인지를 먼저 물어보라는 것이다. 만약 꿈속에 부처님이 나타나서 무언가를 해달라고 한다면 그건 큰 가피를 얻은 것이나 다름없다. 그런 사람은 정말 해결 안 될 게 없다.

"그래 알았다. 배가 고프니 밥을, 목이 마르니 물을 가져오너라. 그리고 너희 집에서 제일 비싼 보석 하나를 가지고 오너라."

만일 부처님이 이렇게 말씀하셨다고 하면 그날부터 그 신도는 큰 복을 얻게 될 것이다. 그러니까 요구만 하지 말고 내가 "부처님을 위해서 뭐든지 할 수 있게 시켜주십시오."라고 간절히 기도를 해보라. 그러면 안 되는 일도 어느 날 갑자기 잘 풀리게 된다. 이것이 바른 기도의 한 방법이다.

번뇌의 싹을 자르세요

자신이 키운 번뇌의 줄기에서

마음의 병이 생겨납니다.

뭘 그리 미련이 많아서

아직도 욕심을 손에 쥐고 있나요.

내게 주어진 현실을 받아들이고

아무리 힘들고 아프더라도

그냥 내려놓으세요.

지금 당장 번뇌의 싹을 자르세요.

그러지 못하면

결국엔 육신의 병을 얻게 됩니다.

화를 참으세요

마음의 화는 누군가가

만든 것이 아니라

바로 자신이 만듭니다.

한순간을 참지 못하고

화를 내면 중생이 되고

미소 지으면

당신은 부처가 됩니다.

이렇듯 부처와 중생은

둘이 아닌 하나입니다.

한 생각 차이에 중생이 되었다가

부처가 되는 것은 찰나입니다.

행복의 그릇을 채우기 위해

불법승

불교의 가르침은

불법승(佛法僧) 삼보(三寶)에 있습니다.

부처님을 따르고

부처님의 법을 따르고

스님을 따르는 것이

곧 부처가 되는 길입니다.

집착을 버리세요

그대가 지금 이 순간

집착하고 있는 건 무엇인가요.

혹시 돈과 명예인가요.

이 세상에서 가장 소중한 사람

그 누구도 아닌

바로 당신입니다.

어찌 이를 모르시나요.

이 세상에는 공짜란 없습니다.

돈과 명예를 자꾸 구하려다가 보면

일순간 번뇌의 사슬에 묶여

내 몸과 마음이 병듭니다.

제발 욕심의 그릇을 비우세요.

지옥

지옥과 극락은 따로 없습니다.

내 마음이 지옥을 만들고

내 마음이 극락을 만듭니다.

재욕, 식욕, 색욕, 명예욕, 수명욕

이 다섯 가지 욕망에

갇혀 있으면 지옥이고

벗어나 있으면 극락입니다.

지금 당신의 마음은

지옥입니까?

극락입니까?

깨달음

잡념을 버린 무심의 상태라고 해서

깨달음이 얻어지는 건 아닙니다.

산과 물이 천년이 지나도

변함없이 산과 물이듯이

있는 그대로 사물을 바라보는

마음의 눈을 가져야만

비로소 깨달음을 얻을 수가 있습니다.

불성(佛性)

누구나 자기만의 보배를 가지고 있듯

누구나 부처가 될 수 있는

불성을 지니고 있습니다.

다만, 이 불성을 찾지 못하는 것은

당신이 탐진치 삼독에

빠져 있기 때문입니다.

우리가 기도하고 수행하는 이유도

내 안에 깃들인 이 불성을 회복하기 위함입니다.

보배

당신이 가지고 있는 보배는

당신이 생각하고 있는 것보다

의외로 많습니다.

이를 어찌 모르시나요.

이제부터라도

기도와 수행을 통해서

그 보배를 찾아보세요.

| 2부 |

간절하면 이루어진다

당신은 자신을 위해
간절하게 기도를 해본 적이 있는가.
길이 있는데도 가지 않는 것은
당신의 잘못이다.

마음이 죄를 짓게 하고 벗게 한다

　한국 불교에서도 널리 알려진《신심명(信心銘)》은 중국 선불교의 불후의 명저이다. 이 책은 중국의 승찬 스님이 선(禪)과 중도(中道) 사상의 요체를 사언절구(146구 548자)로 설한 게송(偈頌)으로 중생이 본래 부처임을 설파한 선서(禪書)이다. '신(信)'은 믿음이고 '명(銘)'은 금석(金石)에 새긴 글을 뜻한다.

　따라서 '명심(銘心)'은 '잊지 않고 마음에 깊이 새긴다.'는 의미이므로 '신심(信心)에 대해 명심(銘心)해야 할 글귀'라고 할 수 있다. 주로 '믿음과 마음은 둘이 아닌 하나'인 '신심불이(信心不二)'로 본 선 사상(禪思想)을 다루고 있다. 내용이 매우 간단명료하여 선의 요체가 쉽게 풀이되어 있다. 특히 선리(禪理)의 극치를 밝히고 있고 또한 석가모니불의《팔만대장경》과 1,700공안의 뜻을 모두 함

간절하면 이루어진다

축하고 있어서 예부터 매우 유익한 선서(禪書)로 널리 알려져 있으며 오늘날 불교 대학과 선원에서 교재로 많이 사용된다.

서두는 "지극한 도는 어렵지 않고 오직 가리고 선택함을 가릴 뿐이니 다만 미워하고 사랑하지 않으면 확 트여 명백하리라[至道無難 唯嫌揀擇 但莫憎愛 洞然明白]."라는 게송에서 시작되어 "믿는 마음은 둘이 아니요 둘이 아님이 믿는 마음이니 언어의 길이 끊어져서 과거도 미래도 현재도 아니로다[信心不二 不二信心 言語道斷 非去來今]."라는 게송으로 끝난다.

내용을 요약하면 나와 타인에 대한 편견과 집착, 사랑[愛]과 미움[憎], 거슬림과 따름, 있음과 없음, 옳음과 그름을 분별하는 차별심에서 벗어난 중도 사상이 간명하게 나타나 있다. 언어와 지적인 분별에서 벗어나서 모든 차별이 사라진 불이(不二)의 세계가 깨달음이기 때문에 인간은 자신이 가지고 있는 본연(本然)의 마음을 잘 지켜야만 진정한 불도(佛道)를 깨칠 수 있고, 신심을 키울 수 있음을 설파하고 있다.

당시 중국의 남북조시대에서는 문자를 세우지 않는 '불립문자(不立文字)'를 추구하고 있었다. 때문에 글로 선(禪)을 표현하는 것은 일종의 금기 사항이었다. 그럼에도 불구하고 왜 승찬 스님은 선불교에 반하는 문자를 세워서 굳이 《신심명》이라는 책을 쓰게 되었을까. 그의 스승인 혜가와 얽힌 지극한 사연을 들여다보면 그 이유를 확실히 알 수가 있다.

어느 날 문둥병을 앓고 있었던 한 사내가 도(道)가 높다는 소문을 듣고 이조 혜가 스님을 찾아왔다.

"스님, 저는 문둥병을 앓고 있습니다. 전생에 어떤 큰 죄를 지었기에 이런 병을 앓고 있습니까? 저의 죄를 참회하게 해주십시오."

그러자 혜가 스님이 말했다.

"그대의 죄를 가져오너라. 그러면 죄를 참회하게 해주겠다."

"죄를 찾아보아도 찾을 수가 없습니다."

"그렇다면 그대의 죄는 모두 참회되었느니라. 그대는 그저 불(佛)·법(法)·승(僧) 삼보(三寶)에 의지해서 살라."

"지금 스님을 뵈옵고 승보(僧寶)를 알았으나 어떤 것을 불보(佛寶)와 법보(法寶)라고 합니까?"

"부처님의 형상이 불(佛)이요 부처님의 가르침이 곧 법(法)이니라."

사내는 큰 뉘우침을 얻고서 혜가 스님의 제자가 되었다. 구슬을 꿰어 보배로 만들라는 뜻으로 승찬(僧璨)으로 법명이 지어졌다. 승찬 스님은 자신이 문둥병을 앓고 있는 것은 전생에 지은 자신의 죄업 때문이라고 생각했다. 이것이 늘 자신을 옭아매고 있었던 것이다.

우리는 여기에서 아주 중요한 교훈 하나를 배울 수가 있다. 알게 모르게 사람들은 쓸데없이 갖지 않아도 될 불안한 심리를 스스로 만들고 있다는 것이다. 오늘날 문명시대를 살고 있는 요즘 사람들도 그렇고 당신도 그럴 것이다.

혜가 스님은 승찬 스님의 근심을 듣고 이렇게 말했다.

"오늘부터 너의 죄는 없느니라."

그때 승찬 스님은 크게 깨쳤다. 자신을 오랫동안 괴롭혔던 죄업은 자신이 만든 마음이 지어낸 것임을 알게 되고 비로소 그 죄업에서 벗어나게 되었다. 그 후 그는 '믿음이 곧 도'임을 자각하게 되고 이를 널리 설파하기 위해《신심명》을 집필, 마침내 선의 요체가 믿음과 마음에 있음을 알리게 되었다.

큰일을 하는 사람은 마음을 괴롭히는 티끌 같은 불안감이나 죄의식을 스스로 만들면 안 된다. 더구나 성불이라는 크나큰 길을 가는 수행자에겐 망상과 다름없는 죄의식은 마음속에 친 가시 철조망과 다름이 없다.

당신은 어떤가. 과거의 쓸데없는 고민과 죄의식으로 인해서 마땅히 누려야 할 행복을 스스로 억압하고 있지는 않은가. 마음이 지어내는 쓸데없는 근심 걱정으로 병을 더 크게 만들고 있지는 않은가. 스스로 자신을 억압하고 옭아매지 마라. 나를 버리고 놓을 때 비로소 마음의 고요를 얻을 수가 있고 이것이 바로 성불로 가는 지름길임을 명심하라.

믿음은 불치의 병도 고친다

석가모니 부처님은 중생에게 없는 뛰어난 열 가지 지혜를 가지고 있다. 불교에서는 이를 두고 '십력(十力)'이라고 한다.

첫 번째, 이치에 맞는 것과 맞지 않는 것을 판단하는 능력인 '처비처지력(處非處智力)'. 두 번째, 선악의 행위로 인해 생기는 과보를 아는 능력인 '업이숙지력(業異熟智力)'. 세 번째, 마음을 고요하게 하여 한곳에 집중하는 선정(禪定)에 능숙한 '정려해탈등지등지지력(靜慮解脫等持等至智力)'. 네 번째 중생이 가지고 있는 재주나 소질을 정확히 판단할 수 있는 능력인 '근상하지력(根上下智力)'. 다섯 번째, 중생이 어떤 일을 함에 있어서 제대로 그 일을 할 수 있는지를 판단하는 능력인 '종종승해지력(種種勝解智力)'. 여섯 번째, 출가자가 지켜야 할 계율과 수행 방법을 실천하면 나중에 어떤 과보를 받는지를 아는 능력인 '종종계지력(種種界智力)'. 일곱 번째, 어떤 수행을 실천하면 나중에 어떤 상태에 이르게 되는지를 아는 능력인 '변취행지력(遍趣行智力)'. 여덟 번째, 중생의 전생을 아는 능력인 '숙주수념지력(宿住隨念智力)'. 아홉 번째 중생이 죽으면 어디에서 무엇으로 다시 태어나는지를 아는 능력인 '사생지력(死生智力)'. 열 번째 번뇌를 모두 소멸시키는 능력인 '누진지력(漏盡智力)'이다.

석가모니 부처님이 오랜 전생부터 보살 수행을 통해서 얻은 공덕의 결과이자 보리수 아래에서 성도를 하시고 난 뒤 자연스럽게 증득한 것이 '십력'이다.

불자들이 부처님이 계신 절을 찾아서 기도하는 이유도 이러한 부처님의 위신력을 믿고 이를 통해서 지혜를 얻기 위함이다. 만약, 부처님이 이러한 '십력'을 지니고 있지 않다면 굳이 찾을 필요조차 없다.

나는 부처님이 지니고 계신 '십력'을 믿고서 언젠가는 반드시 성불을 이룰 수 있다는 강한 믿음을 가지고 열심히 수행과 기도를 하고 있다. 수행자나 불자들에게 있어서 가장 중요한 것은 부처님의 위신력인 '십력'을 믿고 따르는 것이다.

이런 까닭에 《화엄경(華嚴經)》에서도 '신위도원공덕모(信爲道元功德母)', 즉 "믿음은 도의 으뜸이며 공덕의 어머니"라고 했던 것이다. 믿음 없는 기도는 아무런 소용이 없다. 그동안 나는 부처님의 십력을 믿고 몸이 부서져라 수행과 기도 생활을 했고 그것이 오늘날 나에게 큰 가피로 돌아왔던 것이다.

내가 부산 금정산에 무명사를 창건한 것은 지금으로부터 약 13년 전이었다. 출가하고 7년 동안 이곳저곳을 만행하다가 한곳에 정착해서 포교 활동을 하고 싶었다. 결국 내가 자리 잡은 곳은 부산 금정산이었다. 수중에는 돈 한 푼 없었다. 우선 바람이라도 막으려고 비닐로 움막을 쳐서 포교당을 먼저 만들었다. 그렇지만 나는 단 한 번도 부처님을 원망하지 않았다. 법을 널리 알리겠다는 서원을 세우고 새벽 예불부터 저녁 예불에 이르기까지 지극정성으로 기도했다. 내가 지독하게 오직 수행과 기도에 몰입할 수 있었던 건 부처님께서 언젠가는 번듯한 포교당을 마련해주실 것이라는 강한 믿음 덕분이었다.

어느 날, 금정산에 폭우가 쏟아지고 태풍이 몰아쳤다. 비닐 움막이 세찬 바람에 날아갈 것만 같았다. 나는 나무 기둥을 두 손에 잡고 지탱했다. 곳곳마다 비가 새고 물이 스며들었다. 때론 차가운 흙바닥에서 잠을 청하며 추위에 온몸을 떨기도 했지만 결코 좌절하지 않았다. 그럴수록 더 간절하게 기도를 하면 부처님께서 반드시 서원을 이루어주신다는 것을 믿고 또 믿었던 것이다.

여름날 새벽, 어떤 보살님이 내가 염불하는 소리를 듣고 움막 법당을 찾아왔다. 허름한 곳에서 스님이 기도하는 모습을 보고 무척 마음이 아팠던 것 같다. 그날 그분은 내 곁에서 함께 기도를 했다. 나중에 알고 보니까 그분은 위암 3기였다. 새벽 예불을 할 때마다 오셔서 얼마간의 보시를 불전함에 넣곤 했는데 그분이 무명사의 첫 신도이자 가피를 받은 사람이다. 그 생각을 하면 지금도 감회가 새롭다.

한번은 몸이 너무나 피곤해서 맨바닥에 누워 잠을 청하고 있었다. 그분이 어디에서 구했는지 납작한 돌덩이를 들고 왔다. 얇은 비닐로 만든 움막 법당은 시원했지만 바닥에선 냉기가 많이 올라왔다. 그것을 보다 못해서 돌을 주워왔던 것이다.

"보살님, 그 돌은 뭐하러 가지고 오시나요?"

"스님이 맨바닥에서 주무시니까 구들이라도 깔아드리려고요."

그때부터 그분은 매일 아침 산에 올라오면서 돌을 하나씩 머리에 이고 왔다.

"보살님, 그런 돌은 이 산에도 많이 있는데 뭐하러 산 아래에서 힘들게 가지고 오시나요."

"호호, 빈손으로 오는 것보다는 나으니 이렇게 들고 왔습니다."

그분의 행동은 어처구니없었지만 스님의 건강을 생각하는 그 지극한 마음이 한없이 고마웠다. 작은 움막 속에서 기도하고 있는 나의 모습에서 아마 그분은 측은지심을 느꼈던 것 같다.

"보살님은 얼굴을 보니 몸이 안 좋아 보입니다. 무슨 병이라도 있습니까?"

"스님, 사실은 얼마 전 위암 수술을 받았어요. 그래서 아침마다 좋은 공기도 마시고 부처님께 기도하려고 매일 금정산을 올라왔지요."

비닐 움막은 제대로 문이 열리고 닫히지 않아서 바람과 낙엽이 일순 들어오고 흙이 매일 쓸려와서 늘 먼지 범벅이었다. 그분은 마치 자신의 집인 양, 걸레로 매일같이 움막 법당을 닦았다. 그런 그분이 내심 너무도 고마웠다. 그때는 주방 기구조차 없어 작은 석유 버너에다 밥을 지어서 마지공양을 올린 뒤에 남은 누룽지를 끓여 먹으면서 버티던 때였다.

그분은 매일같이 올라와서 밥을 해주기 시작했는데 팔자에도 없는 공양주가 되었다고 빙그레 웃곤 했다.

"스님, 오늘부터 제가 도와드릴게요."

"괜찮아요. 몸도 성하지 않으신데……."

만류에도 불구하고 그분은 비가 오나 눈이 오나 매일같이 움막 법당에 찾아와서 공양주가 되었다. 3개월이 지났을 무렵이었다. 자신이 암에 걸린 사실도 까맣게 잊고 있다가 약을 타기 위해 병원에 갔다 온 그분의 안색이 평소와는 달리 유난히 좋아 보였다.

"뭔 좋은 일이 있나요?"

"글쎄요. 병원에서 조직 검사를 했는데 암이 완치가 되었다고 하네요."

그분은 뛸 듯이 기뻐했다.

"스님, 이게 다 우리 스님의 기도 덕분입니다."

"그건 보살님이 지극정성으로 매일같이 부처님께 기도하고 마지공양을 올리신 덕분이 아니겠어요?"

그 뒤 위암이 나은 그분의 이야기가 주위에 순식간에 퍼져나갔다. 아마 여기저기 소문을 내고 다녔던 것 같다. 움막 법당에도 점점 신도들이 모여들기 시작했다. 보시는 오직 불전함을 통해서였기에 절 형편은 좀처럼 나아지지 않았다.

돌아보면, 마치 관세음보살이 화현해서 나를 시험해본 것은 아닌가 싶다. 위암이 완치된 것은 매일 지극하게 마지공양을 올린 공덕 때문이라는 생각이 든다.

이렇듯 부처님은 우리 눈에 보이시지는 않지만 우리 주위에 항상 계신다. 내 마음이 진정으로 부처님에게로 향할 때 부처님의 위신력이 작용했던 것은 아닐까. 아무리 어렵고 힘든 일이 있다고 하더라도 간절히 기도하면 이루어진다는 걸 그때 나는 움막 법당에서 처음 깨달았다.

공양주의 공덕

　위암에 걸린 보살님이 우리 무명사의 공양주를 맡으면서 완치가 되었다는 소문이 퍼지자 많은 분들이 찾아오시기 시작했다. 신도들이 점차 늘어나더니 어느새 100여 명까지 되었다. 그러다 보니 공양 때가 되면 일손도 많아지고 움막 법당으론 신도분들을 모두 수용할 수가 없어서 공간을 넓혔다.

　신도가 늘어나고 절의 살림도 점차 커지게 되자 신도들은 서로 공양주를 맡으려고 했다. 결국 나는 특정한 공양주를 따로 두지 않고 매일 순번을 정해 공양 당번을 맡겼다. 특히 일요 법회나 재일(齋日)이 있는 날에는 점심 공양을 준비하는 일이 만만찮다. 우리 공양주 가운데에는 남편이 갑자기 발령이 나는 바람에 서울에 사는 신도도 있었다. 나는 그분에게 이젠 공양주를 하지 말

간절하면 이루어진다

라고 했지만 굳이 자처해서 당번 날이 되면 어김없이 부산으로 내려온다. 나로선 미안하기도 했지만 참으로 그 신심이 놀랍다. 당번 날에 일이 생겨 갑자기 못 올 경우에는 얼마간의 보시로 대신하기도 한다. 무엇보다도 공양주는 마음을 내는 것이 더 중요하기 때문이다.

서울에 사는 이 신도는 공양 당번을 맡고부터는 1년도 채 되지 않아 자식들도 잘됐고 남편도 승진하고 아파트도 사게 되는 등 집안에 좋은 일이 많이 생겼다. 이 밖에도 공양주를 맡고 집안이 잘된 신도들도 꽤 있다.

그러다 보니 지금도 무명사에는 별도로 상주하는 공양주가 따로 없지만 당번 때가 되면 공양주들이 상당한 자부심을 가지고 일을 하고 있다. 나는 부처님의 공덕이 크기 때문에 공양 당번에게는 마지공양을 직접 올리게 한다. 특히 공양 올리는 신도들에겐 설판기도를 하는 마음으로 직접 스님이 기도와 축원을 해주다 보니 잠시라도 목이 쉴 틈이 없다. 하지만 나는 그런 신도들을 위해 기도하는 것이 늘 즐겁다. 공양 올리고자 하는 지극한 마음을 그 누구보다도 잘 알기 때문이다.

절을 창건한 지 13년이 지난 지금도 무명사에는 공양주가 따로 없다. 1년 열두 달 공양주가 모두 다른 것은 공양주의 공덕을 골고루 나누어주기 위한 스님의 방편이다.

그렇다면 공양의 진정한 의미는 무엇일까. 공양이란 불법승 삼보에 시주할 물건을 올리는 의식이다. 불은 부처님, 법은 부처님의 법, 승은 승가나 스님을 뜻한다. 불교에서 가장 큰 공덕을 짓는 사람은 삼보에 지극한 공양을 올리면서 자신에게 공덕을 구하는 공양주이다. 일반적으로는 절에서 대중을 위해 식사를 준비하는 사람을 가리킨다.

옛날 선지식들은 모든 중생이 부처의 성품인 불성을 지니고 있어서 부처가 될 수가 있다고 했다. 이 말은 '사람이 부처이기 때문에 내가 곧 부처'라는 뜻이 된다. 그러므로 내가 밥을 먹는 행위는 부처님께 올리는 공양과 같다. 그러니 공양주의 공덕이 얼마나 크겠는가.

또한 내가 부처이므로 밥을 먹는 행위 자체도 부처인 나에게 올리는 공양이다. 그런 이유로 절에서 식사를 하는 걸 두고 공양이라고 부른다. 절을 찾아오는 대중들과 신도들이 모두 부처이므로 그들에게 식사를 제공하는 일은 곧 부처에게 공양을 올리는 일이므로 당연히 공양주의 공덕은 이루 말할 수 없이 크다. 그런 측면에서 보면, 가장 큰 공덕을 얻는 소임이 바로 공양주인 것이다.

공양주가 반드시 가져야 할 마음가짐이 있다. 그것은 바로 '무주상보시'이다. 보시에는 상을 내고 대가를 바라는 '유주상보시'와 대가를 바라지 않고 하는 '무주상보시'가 있다. 둘 중에서 더 큰 공덕을 받는 것은 '무주상보시'이다. 보시를 하면서도 '이만큼 복을 지었으니까 부처님께서도 내게 큰 복을 주실 것이다.'라는 생각을 가지는 것은 '유주상보시'인데 이렇게 하면 오히려 굴러오는 복도 차버리게 될지 모른다. 항상 나를 낮추고 조금은 내가 손해 보는 듯한 마음으로 살면 나중에 더 큰 공덕으로 되돌아오는 것이 바로 '무주상보시'임을 알아야 한다.

우리가 밥을 먹는 행위에는 '자나 깨나 오나 가나 부처처럼 살라.'는 아주 깊은 의미가 담겨 있다. 음식을 먹는 건 좋은 일을 하기 위해 힘을 비축하기 위함인데 이것이 바로 부처가 되기 위한 길이다. 또한 아내가 가족들을 위해 밥을 짓는 것도 공양주이다. 부모와 남편, 자녀들도 모두 부처이기 때문이다.

이와 같은 공양의 진정한 의미를 안다면 이 세상의 모든 사람들이 부처임을 알게 된다. 그러니 부처에게 어떻게 욕을 할 수 있으며 죄를 지을 수 있으며 살인을 할 수 있겠는가. 이것이 불교가 지니고 있는 가장 큰 장점이요 사상이다.

나는 비교적 아침 공양을 늦게 하는 편이다. 신도들이 가족들을 출근시키고 난 뒤 와서 공양을 준비하기 때문이다. 그런 까닭에 우리 절은 공양주가 많을 수밖에 없고 가족들까지 합치면 상당하다. 그래서 내가 자주 강조하는 것은 집에 있는 아내와 자녀 그리고 부모님이 모두 부처이기 때문에 그들을 지성으로 보살피

라는 것이다. 그렇게 되어야만 진정한 공양주가 될 수 있다. 가
족도 배려하지 않으면서 어떻게 남을 배려할 수 있겠는가.

듣기 좋은 말과 나쁜 말

여름장마가 끝날 때쯤 산에 가면 색깔 있는 버섯들이 많이 피어 있다. 그런데 예쁘고 탐스럽게 보이는 것들은 대부분 독버섯이다. 이와 달리 못생기고 투박하게 보이는 것들은 대개가 식용버섯이다. 왜 그럴까? 식물학자들은 그 이유에 대해 치명적 유혹을 지닌 식물들이 아름다운 색깔을 가지고 있는 건 일종의 생존본능 때문이라고 정의한 바 있다.

만약, 아름다운 버섯이 독을 지닌 것처럼, 누군가가 당신의 귀를 즐겁게 해준다면 당신은 마냥 좋을까? 상황에 따라서는 칭찬도 필요하지만 그 속에도 나름의 함정이 있고, 혹독한 질책 뒤에도 얻을 교훈이 있다는 걸 알아야 한다. 듣기 좋은 말만 할 것이 아니라 때론 혹독한 질책도 필요하다는 뜻이다.

남에게 입에 발린 달콤한 말만 하는 사람은 마치 독버섯과 같다. 달콤한 말은 아부이거나 남을 속이기 위한 위장일 수도 있다. 자신의 잘못을 지적해주고 질책해주는 사람이 오히려 나에게 소중한 사람이고 진정한 벗일 수도 있다는 뜻이다. 항상 좋은 말과 칭찬만을 하는 것은 마치 독버섯과 같고, 혹독한 질책은 때론 더 나은 미래를 위한 일이 되기도 한다. 따라서 상대방에게 좋은 점과 나쁜 점을 적절하게 섞어 격려의 말을 해주는 것도 나쁘지 않다.

나는 신도들에게 칭찬과 질책을 적절하게 섞어서 사용한다. 다소 칭찬에 인색한 것이 문제이지만 그렇다고 신도들이 잘못되라는 것은 결코 아니다. 주로 내가 엄하게 야단을 치는 것은 제대로 기도를 하지 않을 때이다. 신도들이 절에 오는 건 마음 수행과 기도를 위해서인데 거기에는 도무지 관심이 없고 도반들끼리 잡담이나 나누고 있는 걸 보면 한심한 생각마저 든다. 그래서 나는 신도들이 주어진 시간에 기도를 하지 않으면 호되게 야단을 치는 것이다.

이러다 보니 우리 신도들은 내가 그런 지적을 하거나 잘못된 점을 말해주면 오히려 기뻐한다. 그들은 왜 내가 야단을 치는지를 오랜 시간에 걸쳐서 이미 보아왔기 때문에 누구보다도 잘 안다. 잘못된 것에 대해서는 올바르게 이야기해주는 것이 그 사람을 진실로 위하는 행동이다.

이와 달리 요즘 사람들은 어떤가. 잘못을 지적해 주는데도 그 것을 받아들이지 못하고 성질을 내거나 싫어하는 사람들이 많다. 그렇다고 눈앞에서 뻔히 잘못을 저지르고 있는데도 오히려 칭찬만을 한다는 것은 더 큰 나쁜 결과를 초래할 수 있다. 때문에 항상 어른들은 칭찬과 질책을 적절하게 잘 섞어서 해야 한다.

이 밖에도 안 좋게 꾸며서 남을 비방하거나 교묘하게 비틀어서 상대방의 마음을 힘들게 한다든지 누명을 씌운다든지 하면 그 화는 반드시 자신에게 되돌아오기 마련이다. 그러므로 항상 남에게 말을 할 때는 입을 조심해야 한다. 말은 곧 그 사람의 덕이다.

부처님께서도 오죽하면 사람의 입안에 도끼가 있다고 했을까. 내가 그 예를 하나 들어보겠다.

석가모니 부처님 당시 고깔리까라는 비구가 있었다. 그는 부처님의 상수제자인 사리불 존자와 목련 존자를 늘 비난하고 다녔다. 이런 사실을 안 부처님은 고깔리까를 만류했지만, 얼마 후 커다란 종기가 목에 생겨 결국 죽게 된다. 부처님은 그의 죽음을 두고《고깔리까경》에서 다음과 같은 설법을 하셨다.

사람은 태어날 때 입안에 도끼를 가지고 태어난다.
어리석은 사람은 나쁜 말을 하여 자기 자신을 찍기 때문이다.
비난받아야 할 일은 칭찬하고 칭찬받아야 할 일은 오히려 비난하여 스스로 입으로 불행을 만들기 때문에 행복을 얻지 못한다.

　사람이 태어날 때 입안에 도끼를 가지고 태어난다는 말보다 더 무서운 것은 없다. 입으로 짓는 구업(口業)이 얼마나 무서우면 부처님이 날 선 도끼에 비유를 했을까? 남을 욕하는 말은 씨가 되고 그 씨가 자라서 결국에는 자신에게 돌아와 엄청난 구업이 된다.

　지금 당신은 '입에 도끼를 넣고 있는가, 아니면 향기로운 꽃을 머금고 있는가.'

　가만히 생각해보라. "한마디의 말이 사람을 살리고 천 냥 빚을 갚는다."는 속담이 있지 않은가. 남에게 항상 희망과 용기를 주는 말을 하는 사람은 반드시 복을 얻게 된다. 그러므로 누군가가 일을 잘못하거나 실수를 했을 때 "너는 그래서 안 돼."라고 말하기보다는 "너는 잘하고 있어. 희망이 있어."라고 말한다면, 오히려 격려가 되어 실수를 줄일 수가 있게 된다.

　나는 실제로 그것을 경험했다.

　어느 날 절에 말기암 환자가 기도하러 온 적이 있었다. 얼굴을 보니 그야말로 힘이 없고 곧 죽을 상이었다.

　"큰스님, 저는 지금 말기암 환자입니다. 너무나 고통스럽고 힘듭니다. 이제 남은 생이라도 열심히 살 수 있도록 기도해주십시오."

나는 그 이야기를 듣고서 담담한 목소리로 말했다.

"당장 내일 죽는다고 하더라도 오늘부터 기도를 열심히 하세요. 그러면 당신의 병은 나아질 것입니다. 그 후엔 내가 반드시 고쳐드리겠습니다."

내 말을 듣고 그의 얼굴에는 금방 화색이 돌았다. 의사들이나 주위 사람들도 얼마 살지 못한다고 했는데 스님이 열심히 기도하면 암을 고칠 수가 있다고 했으니 그에게 없던 희망이 갑자기 생겼던 것이다.

이렇듯 말 한마디는 사람을 죽이고 살린다. 그는 내가 시키는 대로 밤낮없이 열심히 기도하기 시작했는데 한 달이 지나고, 두 달이 지나, 겨우 세 달밖에 못 산다는 사람이 지금은 그 희망의 끈을 붙잡은 것 때문에 몇 년을 더 살고 있다.

"이제 세 달밖에 남지 않았으니 여생을 위해 준비하세요."

만약, 내가 의사와 똑같이 환자에게 이렇게 말했다면 그는 어떻게 되었을까? 아마 그 사람은 벌써 죽었을지도 모른다. 이처럼 병이나 재난이나 안 좋은 일도 모두 마음의 문제이다. 사람이 마음을 바꾸면 머지않아 죽을 사람도 안 죽는다. 마음가짐이 확 달라졌기 때문이다.

그동안 나는 기도의 힘만으로 고치기 힘든 병도 많이 고쳤다. 거짓말 같지만 사실이다. 직접 내 눈으로 많이 보았다. 그렇다고 내가 무슨 유능한 의사는 아니다. 환자의 마음에 기도의 힘을 불어넣어서 희망이 생기게 하고 그로 인해 낫고자 하는 강한 신심을 가지게 했던 덕분이다. 설령 병을 고치지 못하더라도 그는 내생에 더욱 좋은 곳으로 간다.

아무리 절박한 일이라도 마음먹기에 달려 있다. 그래서 나는 신도들에게 오래 생각하고 진실하게 법문한다. 진실은 통한다. 말에는 그에 맞는 그릇이 있다. 말을 잘 다스리는 사람이 성공한다. 이를 꼭 명심하라.

기도는 어떻게 하는가

요즘 사람들은 "사는 게 너무 힘들다."는 말을 입에 달고 산다. 그러나 따지고 보면 산다는 건 별거 아니다. 나에게 주어진 대로 그냥 살면 되는데 자신이 만든 지나친 욕심 때문에 스스로를 힘들게 만든다.

좋은 집에 살고 호의호식해도 돌아보면 인생이란 아주 잠깐이다. 죽으면 모두가 다 빈손으로 돌아간다. 재물도 명예도 권력도 아무런 소용이 없다. 그래서 부처님께서는 이를 깨닫고 출가의 길을 걸었던 것이다.

그렇다면 어떻게 사는 것이 의미 있게 사는 길일까? 그동안 세계의 많은 철학자들은 '삶이란 무엇인가?'에 대해 깊이 생각했지만 명쾌한 결론을 내리지 못했다. 하지만 석가모니 부처님은 달랐다. 인간의 생로병사를 직접 눈으로 보고 삶을 받아들이는 태도가 남달랐다.

내게 석가모니 부처님이 하신 말씀 중에서도 가장 위대한 설법을 말하라고 한다면 그건 "살아 있는 것들은 지금 이 순간 행복하라."이다. 그래서 석가모니 부처님은 "과거는 이미 지나갔고 미래는 아직 오직 않았으며 중요한 것은 지금 이 순간이다."라고 말씀하셨던 것이다. 과연 이보다도 더 명쾌한 법문이 어디에 있을까? 오늘을 열심히 살지 않고 어떻게 미래를 장담할 수 있겠는가.

이처럼 우리가 살고 있는 궁극적인 이유는 '지금 나는 어떻게 내 마음을 잘 다스려서 행복을 누릴 것인가'에 있다. 그럼 어떻게 살아야 내 마음이 행복해질 수 있을까. 각자 추구하는 바에 따라서 사람마다 행복의 가치는 달라진다. 사업가는 사업가대로, 교사는 교사대로, 의사는 의사대로, 학생은 학생대로 자신에게 주어진 일에 최선을 다해서 얻는 행복이 최고의 삶이다. 문제는 지나친 욕심으로 인해 스스로에게 찾아온 행복을 잃어버린다는 데 있다.

일반적으로 우리가 말하고 있는 부자의 정의는 재물이 많은 사람으로 통칭된다. 그러나 돈이 많다고 해서 그들이 정말 부자일까. 비록 가진 게 없지만 우리 주변에는 참으로 행복하게 사는 분들이 많다. 반대로 가진 것이 많아도 불행하게 사는 사람들이

127
간절하면 이루어진다

더 많다. 왤까? 중요한 것은 마음먹기에 달려 있다.

자신이 부자라는 마음으로 살면 부자이고, 가난하다는 마음으로 살면 가난뱅이에 지나지 않는다. 나의 마음자리를 어디에 놓는가에 따라서 부자도 될 수 있고 가난뱅이도 될 수가 있다.

한 가지 더 중요한 것이 있다면 바로 건강이다. 일찍이 석가모니 부처님께서는 "부자는 마음이 행복한 사람이고 진짜 부자는 몸이 건강하고 마음이 행복한 사람이다."라고 하셨다. 이것은 불변의 이치이다. 건강을 잃으면 아무것도 소용이 없다.

우리 절에는 건강 때문에 찾아오는 신도들이 많다. 병도 병이지만 마음의 병으로 인해 괴로워하시는 분들이 더 많다. 마음의 병을 고치지 않으면 몸의 병도 더 깊어질 수밖에 없다. 그런데 신도들이 스님에게 자주 상담을 하는 내용들은 마음의 병보다 육신의 병에 관계된 것들이 더 많다. 내가 의사도 아닌데 말이다.

"스님, 왜 이렇게 몸이 안 좋을까요. 온몸이 다 아파요."

"허허, 어디가 그리 아파요?"

"다리도 아프고 어깨도 아프고 배도 아프고 머리도 아파요."

이런 소리를 들으면 나는 오히려 호되게 야단을 친다. 몸이 정 아프면 병원에 가보면 되는데 거의 딱 보면 육신의 병이 아니라 마음으로 인해 생긴 병들이다.

"허허, 참 답답한 사람이네. 아니 입에 병을 달고 사는데 어찌

안 아플까. 자네 올해 몇 살인가?"

"육십입니다."

"그래, 자네 집에 놋그릇이 있나?"

"있죠. 요즘은 녹이 끼어서 제사상에도 못 올립니다."

"옳거니! 한갓 그릇도 세월이 지나면 녹스는데 자네 몸은 60년 동안 사용했으니 당연히 망가지고 병들지 않겠어. 그릇도 녹슬면 닦아야 하듯이 몸도 닦아야 제대로 쓸 수 있는 것 아니겠어."

"호호, 듣고 보니 그러네요."

"몸을 오래 사용하면 탈이 나게 되어 있어. 몸을 건강하게 유지하려면 녹슨 그릇을 닦아야 하듯이 내 몸도 닦아야 하는데 그게 바로 기도하는 거야. 알겠어?"

그제야 그 신도는 환한 얼굴을 하고 돌아갔다.

사람의 몸도 오래된 그릇이나 기계처럼 세월이 지나면 자신도 모르게 탈이 나게 되어 있다. 그렇지만 병도 마음먹기에 따라서 나아질 수도 있고 아니면 더 나쁜 병에 걸릴 수도 있다. 내가 내 몸을 어떻게 다스리는가에 따라서 건강이 유지된다.

우리 몸은 부모님의 사랑으로 태어난 업의 존재이다. 그러므로 업으로 인해서 생긴 몸이 건강해지려면 업으로 쌓인 마음의 때를 기도로서 정화를 시켜야 한다. 그렇다고 무조건 기도만 한다고 해서 그 업이 풀리는 것도 아니다. 업을 없애려면 진정한 참회가 동반되어야 한다. 병도 마음의 업에서 온다는 뜻이다.

그럼 어떻게 기도를 해야 할까. 기도를 할 때도 무조건 "잘되게 해주십시오."라고 하면 안 되고 자비와 사랑이 동반된 기도가 되어야 한다.

불교에는 가장 위대한 말이 있다. 그게 무얼까. 바로 '회향'이라는 말이다. 불자들은 매일 절에 오가면서도 '회향'의 진정한 의미를 잘 모르고 있는 것 같다. '회향'은 '자신이 쌓은 공덕을 남에게 돌린다.'는 뜻인데 불교의 최대 이념인 자비와 사랑과도 깊은 관계가 있다. 다시 말해 남에게 많은 것을 베푼다는 뜻이 담겨 있다. 기도할 때도 이러한 자비와 사랑이 담긴 '회향'의 마음으로 한다면 당연히 몸도 건강해지고 마음도 행복해진다. 이를 잊지 않는다면 우리는 정말 행복하게 한생을 살 수 있다.

이렇듯 사람들은 삶에 대해 쓸데없는 많은 고민을 하지만 따지고 보면 산다는 게 별거 아니다. 세 끼 밥 먹고 누울 자리만 있고 마음이 편하면 된다. 남보다 잘살려고, 부자가 되려고, 명예를 얻으려고 욕심을 부리니까 번뇌가 생기는 것이다.

그래서 부처님께서는 오욕락인 재욕, 식욕, 색욕, 명예욕, 수명욕을 경계하라고 했던 것이다. 이 중에서 한 가지만 덜어내도 우리 몸은 훨씬 더 건강해진다. 내가 남에게 손해 본다는 생각으로 살면 자연스럽게 몸도 마음도 건강해진다.

자신이 지금 무엇을 하고 있는가는 절대 중요하지 않다. 그냥 자신에게 주어진 일을 욕심 없이 하면 된다. 신도들은 내게 기도를 어떻게 하면 되느냐는 어리석은 질문을 자주 한다.

"허허, 기도에 무슨 방법이 있어요. 그냥 앉은자리에서 자기 마음을 다스리는 게 기도지. 참선하든, 경을 읽든, 잠을 자든, 춤을 추든 어떤 마음으로 기도를 하는가가 중요해요."

기도를 잘하려면 스스로 그 방법을 찾아야 한다. 생각해보면 건강을 유지하는 것도 별거 아니다. 무슨 사는 게 대단한 것처럼 생각하는 순간, 몸도 마음도 병들기 마련이다. 그러므로 기도할 때는 어떤 마음으로 하는가가 중요하다.

설령, 몸에 죽을병이 찾아오더라도 절대로 포기해서는 안 된다. 의사가 병을 고치는 게 아니라 내 마음이 병을 고친다는 생각으로 열심히 기도하다 보면 몸속의 병도 다 도망간다. 이게 바로 진정한 기도가 아니겠는가.

복을 얻으려면 복을 저축하라

절에 가면 '복전함'이란 게 있다. '복전(福田)'은 복의 밭으로서 부처님이 계신 곳에 시주해서 복을 지으라는 의미이다. 불교는 타 종교와는 달리 절에서 시주를 강요하지 않는다. 그저 내 마음이 움직이면 시주하면 되고 그렇지 않으면 하지 않아도 된다. 그러나 복전함 속에는 "복받으려면 복밭을 일구라."는 무서운 암시가 숨어 있다.

하루아침에 공덕은 쌓이지 않는다. 극락 가고 싶으면 극락 가는 연습을 평소에 해야 하는데 그 연습이 바로 복 짓는 일이다. 불자들은 복 짓는 게 무슨 대단한 돈이 드는 줄 알지만 사실은 그렇지 않다. 남에게 항상 웃는 얼굴로 대하고 자신을 낮추고 남을 존중하면 된다. 그러다가 보면 공덕도 저절로 쌓이게 되고 자신이 뿌려놓은 복의 밭도 넓어진다. 평소 남에게 좋은 일을 많이 하여 복의 밭을 일구어놓으면 어느 날 벼락처럼 복을 받게 된다는 뜻이다.

옛날 어른들은 이런 말을 많이 했다.

"있을 때 돈을 저축해라. 건강할 때 몸을 잘 관리해라."

요즘 젊은이들은 어른들의 말을 예사로 듣는다. 경제가 어렵고 삶이 어려우니 저축이 쉬운 것은 아니지만 조금이라도 저축해 놓으면 정작 급할 때 꺼내 쓸 수가 있다. 건강도 평소 몸을 잘 다스리고 수시로 체력을 다져놓으면 유지할 수 있다. 부처님으로 부터 가피를 받으려면 복의 밭에 저축을 해두어야 한다. 기도도 마찬가지이다.

예를 하나 들어보겠다. 더운 날 약수터에서 낙숫물이 한 방울 씩 똑똑 떨어져서 고일 때마다 갈증을 참지 못하고 긁어서 마셔 버리면 물은 차지 않고 갈증만 계속된다. 차라리 묵묵히 기다렸 다가 물이 가득 차면 한 바가지 푹 떠서 마시면 갈증도 일시에 사 라진다.

기도 수행도 그와 같다. 내가 드린 기도의 결실이 당장 눈앞에 나타나지 않더라도 꾸준히 하다 보면 복의 밭에 많은 열매가 맺 힌다. 그때 따서 먹으면 된다. 그런데 우리 신도들은 어떤가. 기 도하다가 몸이 조금만 피곤해도 짜증을 자꾸 낸다. 오는 복도 스 스로 차버린다.

건강을 유지하려면 꾸준한 운동을 해야 하듯이 복을 얻으려면 평소에 기도를 꾸준하게 해야 한다. 운동은 전혀 하지도 않으면서 몸이 아프면 그때부터 난리를 친다. 그와 같이 복도 짓지 않으면서 복을 구하는 것은 하늘에서 떨어지는 사과만 주워 먹으려고 누워서 기다리는 사람의 행동과 다를 바가 없다. 이런 사람은 어떤 일을 해도 항상 거기까지이다.

심지어 전혀 기도하지 않다가 무슨 어려운 일만 닥치면 쪼르르 절에 와서 야단법석을 떠는 사람이 있다. 그래 봤자 아무런 소용이 없다. 그런 사람이 부처님께 삼천배를 한다고 해도 크게 달라지지 않는다. 자칫하면 무릎 관절에 무리가 올 수 있고 도리어 몸에 큰병이 올 수도 있다. 하루에 백팔배를 꾸준히 하면 관절이 좋아지는 것은 물론 마음도 상쾌해진다. 이것이 쌓이면 일천배가 되고 삼천배가 되고 만배가 된다. 부처님은 이런 사람에게 더 큰 가피를 주지만 평소 기도하지 않는 사람에겐 절대로 주지 않는다. 말하자면 건강할 때 복을 많이 저축하라는 것이다.

불교에서는 중생의 병을 관할하는 '약사여래불'이 있다. 다른 이름으로 '약사유리광여래(藥師瑠璃光如來)' 혹은 '대의왕불(大醫王佛)'이라고도 부른다. 이 부처님은 모든 중생의 질병과 재앙을 막아주기 위해 과거세부터 약왕보살로 수행하면서 12대원(大願)을 세웠다. 그 대원은 다음과 같다.

첫 번째, 나와 타인의 몸에 광명이 깃들게 하는 서원. 두 번째,

어리석은 중생을 깨우치게 하는 서원. 세 번째, 욕망에 찌든 중생을 만족하게 하여 그것으로부터 구제하려는 서원. 네 번째, 중생이 부처님의 대승의 가르침에 들어오게 하려는 서원. 다섯 번째, 중생이 깨끗하고 참된 선업을 짓게 하여 삼취정계(三聚淨戒)를 갖추게 하려는 서원. 여섯 번째, 중생이 장애를 입거나 장기가 훼손되면 그것을 다시 회복하게 하려는 서원. 일곱 번째, 중생의 몸과 마음을 안락하게 하여 무상의 깨달음을 증득하게 하려는 서원. 여덟 번째, 일체 여인이 모두 남자로 환생하게 하려는 서원. 아홉 번째, 마귀와 외도(外道)들이 가진 나쁜 소견을 없애 부처님의 바른 지견(知見)으로 제자가 되게 하려는 서원. 열 번째, 나쁜 왕과 강도와 도둑으로부터 중생을 보호하고 구제하려는 서원. 열한 번째, 중생의 배고픔과 갈증을 면하게 하려는 서원. 열두 번째, 의복 없는 중생들이 옷을 갖게 하려는 서원 등이다. 이것이 '약사여래십이대원(藥師如來十二大願)'이다.

과거세부터 중생이 고통에 처해 있을 때 자신의 명호를 부르면서 가호를 빌면 약사여래불은 모든 재액이 소멸되게 하고 질병이 낫게 해준다고 전해지고 있다. 약사여래불의 신앙은 삼국시대부터 민중 사이에서 강한 설득력과 호소력을 갖고 있었다. 특히 신라의 선덕여왕은 병에 걸려 사경을 헤매었는데 밀본법사(密本法師)가 여왕의 침전 밖에서 《약사경(藥師經)》을 염송하여 병을 낫게 했다는 설이 있다.

그 시절에는 약사여래 사방불을 많이 조성했는데 경주 남산에 있는 사면불(四面佛)이 대표적이다. 대개 약사 기도를 할 때는 7일 동안 팔재계(八齋戒)를 하면서 주야 6시에 약사여래를 예배 공양함과 아울러 《약사경》을 49번 독송하고 49등(燈)을 밝히면 몸이 낫는다는 사례가 있다. 이것이 약사여래불의 유래이고 기도 방법이다.

예전에 어떤 신도님이 꼭두새벽에 달려와 펑펑 울면서 간암에 걸린 동생을 살려달라고 눈물 콧물 범벅이 돼서 내게 호소를 했던 적이 있다. 간 수치가 최대치여서 사경을 헤매다가 마지막으로 절에 달려온 것이다. 참 난감했다. 아마 그 신도는 약사여래 부처님께 매달리고 싶었던 것 같다.

내가 할 수 있는 일은 오직 기도해주는 것뿐이었지만, 열심히 기도를 해도 환자의 상태는 더 이상 나아지지 않았다. 이왕지사 그 신도는, 마지막으로 조상님께 동생의 병을 낫게 해달라는 뜻에서 천도재를 하자고 떼를 썼다. 입재를 지낸 다음 날 병원에서 동생을 간호하고 있던 신도에게서 전화가 왔다.

"스님, 다행히 동생이 위기를 넘겼다고 합니다. 그리고 간 수치가 많이 떨어졌어요."

그 후 환자는 병원에서 치료도 받고 좋아져서 약사재일 날엔 퇴원하고 절에 왔다. 당시 나는 환자 얼굴도 모르는 상태였는데 얼굴이 까맣고 황달기가 있어서 첫눈에 그를 알아보았다. 곧 약사재일 법회가 시작되고 환자를 불렀다. 축원을 해주고 싶었다.

"앞으로 나와보세요."

많은 대중들이 보고 있는 곳에서 죽비로 환자의 손바닥을 세게 때리면서 말했다.

"바로 나을지어다."

다음 날, 환자의 간 수치가 더 많이 떨어졌다고 전화가 왔다.

의사도 간 수치가 갑자기 떨어진 영문을 모르겠다고 했다. 나는 그 말을 듣고 웃으면서 이렇게 말했다.

"병원에서는 아프지 말라고 환자들에게 주사를 주지만 나는 그저 죽비라는 커다란 주사를 가지고 세 대나 줬으니까 그게 통한 것은 아닐까요. 간 수치가 내려가서 다행스럽네요."

몸이 차츰 회복되고 절에서 기도 생활과 병원 치료를 한동안 병행했더니 환자의 몸이 확실히 좋아졌다. 한 달 전만 해도 "죽네 사네." 했던 사람이 이젠 절에 와서 기도까지 할 정도였다. 평소 즐기던 술과 담배도 끊고 청량한 산공기를 마시면서 두 달간 기도 생활과 병원 치료를 계속했더니 위중했던 사람의 건강이 매우 좋아졌다. 1년 후 그는 다시 직장에 복귀할 수 있었다.

그 후부터 환자도 절에서 열심히 봉사를 시작했다. 그의 병이 낫게 된 것은 아픈 동생을 위해서 매일 낫게 해달라고 약사여래불께 기도했던 누님의 공덕 때문은 아니었을까. 누님의 간절한 목소리가 부처님의 마음을 움직이게 했던 것은 아닐까. 이처럼 기도할 때는 순수하고 애절한 마음, 진정한 마음, 계산 없는 마음으로 해야 한다. 모든 것은 간절하면 다 이루어지게 되어 있다.

그러기 전에 먼저 해야 할 일이 있다. 건강할 때 열심히 기도해서 평소에 공덕을 쌓아두어야 한다는 것이다. 코앞에 어려운 일이 닥쳤을 때 해봐야 소용이 없다. 위중했던 병이 낫게 된 것은 동생을 살리고 싶다는 누님의 간절한 기도 덕분은 아니었을까.

그림을 그릴 때 깨끗한 종이에 물감을 칠하면 색이 잘 스며든다. 기도도 그와 같다. 마음이 깨끗한 상태에서 기도해야 부처님의 가피도 받을 수가 있다. 낙숫물이 떨어져서 바위에 구멍을 내듯이 열심히 인내하고 기도하다 보면 반드시 서원은 모두 이루어지게 되어 있다. 그러므로 아무리 힘들고 어려운 일이 있더라도 절대 포기해서는 안 된다.

진짜 좋은 약은 몸에 쓰다고 했다. 남에게 좋은 말만 해주는 것이 능사는 아니다. 때로는 쓴 약이 몸에 좋듯이 자신에게 찾아온 시련과 고통을 이겨낼 수 있도록 잘 인도해주는 것도 불자가 할 도리이며 수행자가 가야 할 길이다.

수능 기도는 어떻게 해야 하는가

불자들에게 가장 많이 던지는 질문은 기도의 목적이다. 바쁜 시간을 들여서 기도하는데 목적이 없다면 아무런 소용이 없다. 내가 불자들에게 "기도하는 이유는 무엇인가?"라고 물으면 제대로 대답하는 사람이 거의 없다.

대개 불자들의 기도의 목적도 "건강하게 해달라. 부자 되게 해달라, 좋은 대학에 가게 해달라." 등 가족의 건강과 자녀의 성공 그리고 재물에 관한 것들이 많다. 한 가지 소원도 들어줄까 말까 한데 과연, 부처님이 그 많은 것을 모두 해결해 줄 것인지 의문스럽다.

집을 지을 때도 기초가 튼튼해야 한다. 모래 위에 집을 지으면 한순간에 허물어지듯 기도에도 나름의 기초가 있고 순서가 있다.

10층 아파트도 기초가 튼튼하지 못하면 조금만 허물어져도 재앙이 일어난다. 이렇듯 기도하기 전에는 반드시 지니고 있어야 할 마음가짐이 있다. 또한 기도할 때는 욕심을 버리고 몸과 마음을 청정히 해야 한다. 그릇도 비워두어야 채울 수 있듯이 사욕이 가득한 마음으로 기도한들 그 자리에 복을 채울 공간이 없다.

누군가가 나에게 세상에서 가장 나쁜 기도의 목적을 들라고 한다면 그건 "부자 되게 해주세요."이다. 이것은 타인을 조금도 생각하지 않고 오직 자신만을 위하는 이기적인 기도이다. 내 마음이 충만해야 재물도 들어온다. 그럼, 마음부자가 되려면 어떻게 해야 할까? 간단하다. 복을 많이 지으면 된다. 타인에게 베풀지도 않으면서 오직 복만 구한다면 부자가 될 수 없다. 때문에 물질적인 부자를 원한다면 먼저 마음부자가 되어야 한다.

모든 부모는 자녀가 좋은 대학을 졸업해서 좋은 곳에 취직하기를 원한다. 그렇지만 자녀가 공부를 하는 것이지 부모가 하는 게 아니다. 아무리 부모가 열심히 기도를 한다고 해도 자녀가 공부를 게을리한다면 소용이 없다. 이게 바로 수능 기도의 허구이다.
그렇다면 자녀를 위해 부모가 어떤 방법으로 기도해야 자녀의 마음이 움직일까. 무턱대고 자녀의 미래를 위해 기도하는 건 옳지 않다. 좋은 대학에 들어갈 수 있는 토대를 잘 다져놓고 기도라는 집을 지어야지 기도만 열심히 한다고 해서 되는 것이 아니다. 무조건 좋은 대학에 가기 위해 기도하는 건 더 나쁜 결과를 초래할 수 있다.

나는 수능을 앞둔 부모들에게 자주 이런 말을 한다. 만일, 자녀가 행복한 사람이 되기를 원한다면 무조건 좋은 대학에 가라고만 하지 말고 그 자녀가 지금 당장 무엇을 원하는지를 제대로 알고 대처해야 한다고.

평소에는 전혀 기도하지 않다가 수능 때만 되면 절에 기도하러 오는 부모들이 의외로 많다. 기도도 꾸준하게 해야만 불보살님을 감동시킬 수 있기 때문에 기도하는 습관을 지니고 있어야 한다. 그리고 자녀에게 내가 무슨 이유로 오늘 절에 기도하러 가는지를 반드시 일러줄 필요가 있다.

"너를 위해 이 엄마는 오늘 절에 기도하러 간다."

처음엔 자녀들도 엄마의 기도에 대해 대수롭지 않게 생각하다가 엄마가 꾸준하게 자신을 위해 기도하는 모습을 보게 되면 '우리 엄마가 나를 위해 저렇게 기도를 열심히 하시는구나.' 하고 생각하게 된다. 그렇게 되면 공부하지 않던 자녀도 마음을 움직이게 된다. 수능이 코앞에 닥친 뒤에 기도하는 건 늦다는 말이다. 그땐 엄마의 간절한 기도도 자녀의 마음을 더 이상 움직이게 할 수 없다.

일전에 우리 절에는 열심히 기도하시는 여신도가 있었다. 그 신도분은 새벽부터 장사하면서 병석에 있는 남편과 자녀들을 돌보고 있었다. 그 여신도에게는 딱 한 가지 소원이 있었는데 큰딸이 한의예과에 진학해서 한의사가 되는 것이었다. 성적은 그리 나쁜 편이 아니었는데 집안 환경 때문에 딸의 마음이 몹시 흔들리는 모습을 보고 고심 끝에 스님을 찾아왔다.

"스님, 수능을 앞둔 딸의 마음이 좋지 않은 것 같아요. 남들은 잘사는데 우리는 왜 가난하지, 그런 생각을 하는 것 같아요."

나는 여신도에게 이런 말을 했다.

"예민한 나이입니다. 그렇다고 그런 딸아이를 함부로 나무라지는 마세요. 충분히 그럴 수도 있습니다. 보살님은 제가 시키는 대로 그냥 기도만 하세요."

나는 여신도에게 수능을 앞둔 1년 동안만 마음을 굳게 잡고 일요일 새벽마다 절에 수능 기도를 하러 오라고 했다. 어쩔 수 없이 오지 못하는 날은 집에서라도 기도를 하라고 일러주었다. 그리고 반드시 지켜야 할 것이 있다고 했다. 기도하러 올 때는 딸에게 "오늘, 엄마는 네가 한의예과에 합격할 수 있도록 부처님께 기도하기 위해서 절에 간다."는 말을 절대로 잊지 말라는 것이다. 다시 말해서 엄마가 하고 있는 정확한 기도의 목적을 딸에게 일러주라는 것이다.

딸은 처음엔 무척 짜증 냈지만 하루 이틀이 지나고 몇 달이 지나자 마음가짐이 확 달라지고 열심히 공부하기 시작했다. 그런데 이상하게도 모의고사 성적은 갈수록 떨어져서 딸은 점점 자포자기 상태에 이르렀다. 그래도 어머니는 포기하지 않고 열심히 기도했다. 수능을 서너 달 앞두고 딸이 저렇게 열심히 공부하는데도 시험 성적이 좋지 않은 것은 조상 탓인가 싶어서 나중에는 천도재까지 지냈다.

어느 날 신도가 얼굴에 여드름이 잔뜩 난 딸을 데리고 절에 왔다. 아무리 열심히 공부해도 성적이 오르지 않는다는 말을 듣고 딸을 절로 데려오라고 했던 것이다. 그때 나는 딸에게 용기를 주었다.

"어머니가 너를 위해 저토록 열심히 기도하고 있으니 너는 반드시 합격할 거다. 그러니 허튼 생각을 하지 말고 용기를 가지고 열심히 공부만 하는 게 좋겠다."

그 순간 딸은 어머니의 간절한 눈빛을 보고 이렇게 마음을 먹었다고 한다.

'그래 우리 엄마가 나를 위해서 저토록 열심히 기도를 하시는데 안 될 것이 뭐 있겠어.'

그 후 딸은 남은 기간 더 열심히 공부에 전념하기 시작했다. 드디어 수능 날이 다가왔다. 수능을 볼 때는 대개 어려운 문제는 시간 관계상 접어두고 쉬운 문제부터 푼다고 한다. 와중에 애매하고 잘 모르는 고득점 문제가 하나 있었는데 잘 풀리지 않다가 어머니의 기도를 떠올리자 갑자기 답이 눈앞에 스쳐 지나갔다고 한다. 딸은 그 문제를 푼 덕분에 명문대 한의학과에 당당히 합격하고 지금은 졸업해서 인천의 한 병원에서 한의사로 근무하고 있다.

딸은 열심히 공부하고도 막상 시험을 치면 지나치게 긴장을 해선지 아는 문제도 자주 틀렸던 것이다. 딸이 어려운 문제를 쉽게 풀게 된 것은 어머니의 기도와 스님의 격려 때문은 아니었을까.

이렇듯 기도는 안 되는 것도 이루게 해주는 힘이 있다. 딸의 미래를 위해 혼신의 기도를 한 어머니의 마음이 딸의 꿈을 이루게 해주었던 것이다.

원래 나는 부처였다

석가모니 부처님은 어머니 마야부인의 태 속에 있다가 태어나시자마자 동서남북 사방으로 일곱 걸음을 걸은 뒤 하늘을 향해 손가락을 들고 "천상천하 유아독존(天上天下 唯我獨尊)"이라고 천명하셨다. 그런데 과연 이 말은 무슨 의미를 담고 있을까?

일반적으로 '유아독존'이란 아주 고집 세고 자신밖에 모르는 사람을 가리킨다. 하지만 불교에서의 이 말씀은 부처님만이 홀로 존귀하다는 뜻이 아니라 "지상에 존재하는 모든 생명들은 다 존귀하다."는 위대한 선언이다.

나와 더불어 지상에 존재하는 뭇 생명들까지도 모두 존귀한 존재이며 나아가 가족, 이웃, 사회에 있는 모든 사람들이 부처님과 같이 귀중하다는 뜻이다. 그런데 사람들은 본디부터 '부처의 성품'을 지니고 있고 자신이 이렇게 귀중한 존재임을 잘 모르고 있다. 그럼, 어떻게 해야만 내 안에 있는 '부처의 성품'을 꺼내어 볼 수 있을까.

아기들은 '부처의 성품'을 지니고 태어난다고 한다. 그러나 몸이 점점 자라면서 세상의 온갖 때가 마음속에 묻게 되고, 어른이 되면 원래부터 지니고 있었던 '부처의 성품'조차 까맣게 잊어버리게 된다. 원인은 바로 탐욕, 성냄, 어리석음인 탐진치 삼독 때문이다.

그럼, 내 아이가 본디부터 가지고 있는 '부처의 성품'을 어떻게 해야만 제대로 발현시킬 수 있을까. 그건 의외로 간단하다. 어릴 적부터 감사하는 마음, 기도하는 삶을 살게 하면 된다. 부모는 아이들의 거울이다. 원래부터 아이들이 가지고 있는 청정한 마음인 '부처의 성품'을 그대로 유지할 수 있도록 부모가 기도하는 삶을 일관되게 보여주면 된다.

요즘 재벌가 자녀들의 막무가내식 행동이 사회문제가 되고 있다. 재물과 권력만이 최고라는 인식을 어릴 때부터 부모가 심어준 탓이다. 이런 자녀들은 힘들고 어려운 걸 모르고 자라왔기 때문에 티끌만큼도 남을 배려하는 마음은 없고 오직 자신의 이익만을 추구한다. 결국 부모와 자녀는 '그 나물에 그 밥'이 될 수밖에 없다. 이것은 전적으로 어릴 때부터 받아온 잘못된 교육 때문이다.

지금 우리가 살고 있는 세상은 지나칠 정도로 경쟁적이고 이기적이다. 그러다 보니 남은 모르고 오직 자신만의 삶을 추구한다. 이런 삶만을 살다 보면 '10년 쌓아둔 공든 탑'도 한순간에 무너질 수 있다. 요즘 우리는 심심찮게 그걸 주위에서 많이 본다. 인성은 하루아침에 바뀌지 않는다.

어릴 적부터 차곡차곡 낱알처럼 쌓이는 게 바로 착한 성품이다. 이걸 내 아이에게 가르쳐야 한다. 베푸는 삶을 모르는 사람에겐 행복을 기대할 수 없고 남을 도울 줄도 모르는 사람에겐 미래의 성공 또한 기대할 수 없다. 자녀 교육도 마찬가지이다. 어릴 때부터 공부만 강요한다면 그 아이의 삶은 불행해질 수밖에 없다. 그런 시대는 이미 지나갔다.

요즘 세상엔 많은 재물이 필요 없다. 적으나 많으나 사는 건 다 똑같다. 행복은 내 마음을 어떻게 편안하게 하는가에 달려 있다. 재물과 명예가 있다고 해서 행복한 것이 아니라는 말이다.

그럼 행복은 어떻게 찾아오는 것일까? 자신이 하고 있는 일의 만족을 통해서 온다. 자기만족이 곧 행복인 것이다. 자녀가 열심히 공부해서 좋은 대학에 합격하거나 돈을 많이 버는 것도 자기만족이라고 할 수 있지만 그렇다고 영원한 행복을 던져주지는 않는다. 늙으면 다 똑같아지는 것이 바로 인생이다. 미인도 늙으면 주름살이 가득해지고 아무리 돈이 많고 명예가 높아도 죽으면 그냥 맨손으로 돌아간다. 중요한 건 그때그때마다 얻는 마음

의 행복이다.

내가 자녀 교육에 있어서 당부하는 건 굳이 좋은 대학을 가지 않고도 얼마든지 마음의 행복을 얻는다는 걸 부모들이 가르쳐 주라는 것이다. 내 아이의 삶은 내 것이 아니라 아이의 것이다. 내 아이가 제대로 행복을 누리게 하려면 스스로 노력해서 얻는 성취감을 갖도록 하는 것이 무엇보다 중요하다.

자식은 내 것이 아니라 온전히 그의 것이다. 부처님이 태어나시자마자 "천상천하 유아독존"이라고 천명하신 것도 이 때문이다. 자신이 이 세상에서 가장 존귀하기 때문에 나는 충분히 행복을 누릴 권한을 지니고 있다는 것이다. 그런 나를 함부로 다루어서 되겠는가.

남에게 욕을 하면 내 입이 쓰레기가 되고, 남을 주먹으로 때리면 내 손은 도끼가 되고 망치가 된다. 온통 나쁜 생각으로 가득차면 내 머리는 똥통이 된다. 이래 가지고서 어찌 이 세상에서 내가 가장 고귀한 존재가 되겠는가.

부처님이 강조하신 말씀은 "살아 있는 것들은 모두 행복하라." 인데 초기 불전인 《숫타니파타》의 명구이다. 이것이 우리 인간이 추구해야 할 최상의 가치이다.

옛 말씀에 남에게 베푸는 마음을 지닌 사람은 상대적으로 행복하다고 한다. 하나도 틀린 말이 없다. 물질이 아니라 마음이 더 중요하다 뜻이다. 우리 아이들도 좀 베풀고 나눌 줄 아는 따뜻한

심성을 지닌 사람으로 성장해야 한다. 행복은 물질과 명예에 있지 않다는 걸 어릴 적부터 가르쳐야 한다.

그럼, 우리 아이가 행복한 사람이 되려면 어떤 삶을 살게 해야 할까? 복을 많이 짓게 하면 된다. 복을 많이 지으라고 하니까 남에게 물질로서 도움을 주라는 건 더더욱 아니다. 상대를 보고 웃어주는 마음, 살인미소를 날릴 줄 아는 마음, 그런 맑고 밝은 성품을 가진 아이로 자라날 수 있도록 해야 한다.

내 아이가 행복한 사람으로 성장하게 하기 위해서는 칭찬을 많이 해주어야 한다. 내 아이가 어떻게 생활하고 있는지 잘 관찰하고 칭찬할 게 있으면 기회를 놓치지 말아야 한다. 그래야만 남에게 칭찬해주는 사람으로 성장할 수가 있다. 칭찬을 많이 받고 자란 아이가 남에게도 칭찬을 잘할 수가 있고 그런 가운데 아이의 마음도 저절로 행복해진다. 칭찬은 아이의 자신감을 키워주는 동기 유발이 되기 때문에 틈만 나면 아이에게 깊은 사랑을 자주 표현해주는 것이 좋다. 또한 칭찬은 아이가 보는 앞에서 하는 것보다 간접적으로 해보는 것도 좋다. 아이가 선잠을 잘 때나 방문이 열려 있을 때, 부부가 아이를 칭찬하는 말을 서로 나눠보는 것도 좋은 방법이다. 아이의 기분은 틀림없이 좋아진다.

'우리 부모님은 항상 나를 믿어주고 계시는구나.'

특히 무언가 지적할 게 있을 때 이런 방법이 매우 좋다.

"너는 도대체 왜 그렇게 컴퓨터만 하니? 그래 가지고 뭐가 되려고 그러니?"

대놓고 윽박지르면 오히려 반감만 살 수 있다. 그럴 경우에는 아이가 간접적으로 들을 수 있는 상황에서 부부가 이런 이야기를 나눠보는 것도 좋다는 말이다.

"우리 아이는 참 훌륭해요. 선생님도 잘한다고 그러시는데 단한 가지 걱정이 있어요. 요즘 컴퓨터를 너무 많이 하는 거 같아요. 이건 앞으로 전혀 도움이 안 될 텐데 어떻게 하죠?"

은근슬쩍 이런 부모의 걱정을 듣게 하면 아이는 아마 이런 생각을 하게 될 것이다.

'아, 우리 부모님이 내가 컴퓨터 하는 것을 달가워하지 않으시는구나. 이것이 내 삶에 도움이 되지 않는구나.'

직접적인 대화도 중요하지만 경우에 따라서는 간접적인 것이더 효과적일 수 있다는 이야기이다. 또 하나 중요한 것은 자신의행동에 대한 상벌이 분명하게 내려져야 한다는 것이다.

한번은 내가 음식점에 갔었는데 아이들이 정신없이 식탁 위로뛰어다녔다. 원래부터 그런 아이는 아니었겠지만 인격 형성이애초부터 잘못된 것이다. 손님들은 눈살을 찌푸리는데 아이가기죽을까 봐 그러는지 몰라도 아이의 엄마는 조금도 신경을 안썼던 것이다. 그런 아이는 훌륭한 인성을 지닐 수가 없다. 방치하는 건 아이에 대한 사랑이 아니므로 아이가 잘못된 행동을 하면 즉시 가르쳐줘야 한다.

"그러면 안 돼!"

따끔하게 야단을 치되 아이가 스스로 잘못했다는 것을 인식하고 반성할 때는 즉시 안아줘야 한다. 그래야만 아이가 바르게 성장할 수 있다. 무조건 내 아이는 귀하다는 생각 때문에 천방지축으로 키우는 부모들이 너무 많다.

한번은 내가 천방지축으로 뛰는 아이를 불러서 조용히 웃으면서 타일렀다. 그런데 부모도 "거 봐라. 그러면 안 된다."고 해야 원칙인데 오히려 나를 아주 못마땅한 눈초리로 째려보았다. 나는 참으로 난감했다.

이런 식으로 아이를 키워서는 안 된다. 잘못한 건 단호하게 말해주어야 하고, 안 되는 건 끝까지 안 된다고 해야 하고, 잘한 것은 잘했다고 칭찬해주어야 한다. 상을 줄 때는 "너는 이러이러한 일을 했으니까 상을 받을 자격이 있어."라고 말해주어야 한다. 상벌에 대해 일관성 있는 모습을 보여줘야만 어려서부터 질서를 지킬 줄 알고, 인격을 바르게 형성할 수 있다.

아이의 인격 형성은 가정에서부터 시작되어야 내 아이를 행복한 사람이 되게 할 수 있다. 이런 하나하나의 과정들이 아이의 내면에 든 '부처의 성품'을 발현시키는 일이다.

병을 낫게 하는 것도 자신의 힘이다

어떤 과학자가 벼룩이 얼마나 잘 뛰는지 실험하기 위해 병 속에 벼룩을 넣고 뚜껑을 열어두었더니 단숨에 병을 뛰쳐나왔다. 다리가 잘 발달된 벼룩의 도약력은 몸 길이의 무려 400배나 된다.

과학자는 벼룩을 잡아서 다시 병 속에 넣고 뚜껑을 닫아 한참 관찰했다. 처음에는 몇 번이나 뚜껑을 치더니 어느 순간부터 더 이상 뛰지를 못했다. 이번에는 완전히 뚜껑을 열어두었더니 벼룩은 아예 밖으로 나오지 못했다.

우리는 과학자의 벼룩 실험을 두고 어떤 것을 생각할 수 있을까? 벼룩은 분명히 높이 뛸 수 있는 능력을 지니고 있지만 외부 환경에 의해 그 능력을 상실한 것이라고 볼 수 있다.

어쩌면 사람들은 벼룩처럼 자신이 어떤 능력을 가지고 있는지도 모른 채 살아간다. 사람들은 누구나가 다 자신만의 능력을 가지고 있으면서 왜 자신의 능력을 제대로 발휘하지 못하고 있는 걸까. 벼룩처럼 억압된 외부의 환경 탓일 수도 있지만 자신감 부족 때문이거나 가지고 있는 능력을 제대로 계발하지 못한 탓도 있을 것이다.

불교에서는 누구나 부처가 될 수 있는 성불의 씨앗인 불성을 지니고 있다고 말한다. 각자 부처가 될 수 있는 성품을 분명히 지니고 있는데도 '나는 힘들 거야. 내가 아무리 열심히 기도한다고 해도 깨달음을 얻기 힘들 거야.' 하는 의심이 거듭되어서 번뇌가 쌓이고 나중에는 중생으로 전락하게 된다.

이 세상의 모든 일들이 다 그럴지도 모른다. 벼룩처럼 자신의 몸보다 더 높이, 더 멀리 도약할 수 있는데도 불구하고 자신이 만든 번뇌 망상으로 인해 스스로 부처가 되기를 포기하는 경우가 많다. 주위를 둘러보면 이러한 삶들을 우리는 쉽게 목격할 수 있다.

한번은 유방암에 걸린 여성이 절로 기도하러 왔던 적이 있다. 그녀는 겨우 40대 초반이었는데 치료도 받기 전에 의사에게 유방암 3기라는 말을 듣고 망연자실해서 기도라도 하면 마음이라도 편해지겠지 하는 생각으로 절에 왔던 것이다.

"스님, 제가 유방암이라고 하네요. 어떻게 하면 될까요?"

얼굴에는 수심이 가득했다. 하도 심약하게 보여서 금방 쓰러질 것 같았다.

나는 그녀에게 일침을 놓았다.

"허허, 그런 마음으로 날 찾아오지 마세요. 기도하려는 사람의 마음이 벌써부터 병이 들어서 절망하고 있는데 날 찾아와 봐야 아무런 소용이 없어요."

그녀가 다시 말을 이어나갔다.

"스님께서는 기도의 힘으로 많은 분들의 병을 치유했다는 소문을 주위에서 들었습니다. 저도 도와주세요."

나는 사정이 딱해서 이런 말을 했다.

"나는 의사가 아닙니다. 하지만 부처님께 열심히 기도하면 나을 수도 있지요. 병은 의사가 낫게 하지만 먼저 멍든 마음의 병을 치유해야 합니다. 그것이 바로 기도의 힘이지요. 기도는 강한 정신력을 길러줍니다. 우선 백일기도부터 하세요. 그리고 병원 치료와 기도를 병행한다면 반드시 나을 수 있습니다."

이런 말을 하자 그제야 얼굴에 생기가 돌았다. 그녀는 매일같이 절에 와서 열심히 기도했다. 1년이 지난 후 기도와 항암치료를 병행하자 병이 다 나았다. 기적이었다. 특히 유방암은 재발이 가장 큰 문제인데 다행스럽게도 재발하지 않아서 6년이 지난 지금도 아주 건강하다.

이렇듯 병을 만드는 것도 자신이요, 병을 낫게 하는 것도 바로 자신이다. 누구든 자신이 가진 문제는 자신이 해결해야 한다는 의지를 가지고 있어야만 한다. 병은 누군가가 대신해서 앓아줄 수도 없다. 하지만 의외로 그 병을 낫게 하는 능력도 자신이 가지고 있다.

낫기 위한 노력도 하기 전에 '내가 기도를 해서 나을 수 있을까. 나는 나를 치유할 힘이 없어. 아무리 내가 기도를 열심히 한다고 해도 소용이 없을 거야.'라는 생각을 하면 오히려 기도를 하지 않는 것만도 못하다.

우리가 기도하는 이유는 간절한 기도를 통해서 마음을 치유하기 위해서이며 또한 기도를 통해서 병을 치유할 수 있다는 확신을 얻기 위함인데 이것이 전제가 되지 않고서는 결코 병을 치유할 수 없다. 아무리 지독한 병도 마음먹기에 따라서 달라진다.

비단, 건강뿐만이 아니라 우리 아이들의 교육도 마찬가지이다. 공부를 잘하지 못하는 아이를 두고 자꾸 야단만 치면 어떻게 되겠는가? 오히려 역효과가 날 수가 있다. 야단보다는 아이에게 꿈을 심어주고 지혜와 용기를 줘야 한다는 것이다.

"비록 지금은 성적이 이렇지만 열심히 하면 너는 잘될 거야. 너는 충분히 잘할 수 있어."

앞으로 100일 내에 수능이 있다고 치자. 수험생들은 자신감을 가지고 자기 능력보다 목표를 크게 정해야 한다. 목표가 작으면 성과도 미비할 수밖에 없다. 분명한 것은 자신만의 능력을 최대

한 계발하려는 의지가 중요하다는 점이다.

한 예로 얼마 전에 허리가 엄청 아파서 지장재일 기도를 드리고 난 다음 날 스님을 찾아온 신도가 있었다.

그는 기도 중에 갑자기 몸에서 이상한 기운을 느꼈다고 한다. 2년 전에 교통사고를 당해서 허리 통증이 심했는데 아무리 병원에 다녀도 낫지를 않았다. 그러다가 열심히 부처님께 기도를 했더니 치유가 되었던 것이다. 내가 그분의 병을 고친 것이 아니라 자신이 간절하게 기도를 한 덕분이었다.

이렇듯 우리가 부처님께 기도하는 이유는 병의 근본 원인인 마음의 병을 먼저 치료하고 나중에 의료의 힘으로 병을 치유하기 위함이다. 모든 병의 원인은 자신에게 있다. 그리고 치유의 힘도 바로 자신에게 있음을 알아야 한다.

빙의

당신은 '빙의(憑依)'라는 말을 들어본 적이 있는가. 종교적 관점에서 보면 일반적으로 몸속에 '귀신이 들어와 있다. 귀신에 씌였다.'거나 혹은 다른 '영(靈)'이 몸속에 찾아온 걸 의미한다.

'빙의'를 경험한 사람들은 평소와 다르게 특정한 장소에서 엉뚱한 말과 행동을 한다. 정신의학적 측면에서는 '빙의'를 다중성정신이상 증상으로 보고 있거나 미친 사람이라고 표현하고 있는데 이것은 크게 잘못된 관점이다. 대개 '빙의'된 사람을 보고 종교적으로, 의학적으로 어떻게 해석하느냐에 따라 그 치료 방법에 다소 차이가 있다.

우리 절에도 가끔 '빙의'된 사람들이 치유하기 위해 찾아온다. 얼마 전에도 한 여성이 상담할 것이 있다면서 나를 찾아왔던 적

간절하면 이루어진다

이 있었다.

"스님, 저에게 병이 하나 있습니다."

"그게 무엇이지요?"

"스님, 저는 거울을 똑바로 쳐다보지 못합니다. 거울 속에 머리를 푼 어떤 여인이 자꾸 보입니다."

그녀는 언제부턴가 거울 속에서 한 낯선 여인이 보인다고 했다. 한번은 크게 놀라 실신까지 하여 구급차에 실려갔다고 했다. 일종의 '빙의' 증상이었다.

"언제부터 그랬습니까?"

"얼마 전입니다."

"집안에 혹시 좋지 않은 일이 생겼나요?"

나는 그녀에게서 자초지종을 듣고 난 뒤, 법당의 부처님께 백일기도를 드리고 나면 '빙의'가 사라질 것이라고 했다. 그날부터 그녀는 새벽마다 절에 와서 정성스럽게 기도했다. 100일이 지난 후 그녀는 거울을 봐도 아무렇지 않다고 했다. 참 신기하다고 웃었다. 우리 절의 부처님이 너무도 용하다고 주위에 자랑까지 했다.

그럼, 우리는 여기에서 그녀의 행동에 우선 의문을 가질 수밖에 없다. 정말 백일기도를 통해서 '빙의'에서 벗어났을까. 일반적으로 종교적 측면에서 보면 '빙의'는 심리적인 문제와 아주 크게 연관이 있다. 일상 속에서 겪은 좋지 않은 일들이 마음과 정신을 괴롭혀서 '빙의'가 일어났을 가능성이 아주 크다. 그리고 '빙의'가

사라진 것은 부처님께 기도하면 나을 수 있다는 말에 확신을 얻고 열심히 기도한 덕분이다. 말하자면 기도하면 반드시 병이 나을 수 있다는 긍정의 힘이 '빙의'를 물리친 것이다.

백일기도가 끝난 후 그녀는 다시 남편을 데리고 무명사를 찾아왔다. 당시만 해도 내가 거처하는 절은 움막 법당이었다. 남편은 비가 오면 찢어진 천막 사이로 비가 줄줄 새고 거기다가 무능력하게 보이는 나이 많은 스님이 있는 절에 왔다고 투덜대었다.

나는 그런 모습을 보고 내심 화가 났지만 꾹 참았다. 당시 남편은 건설회사를 운영하고 있었는데 부도 직전이어서 마음이 심란했고 법당에 가서 부처님께 기도나 드려보자는 부인의 손에 이끌려 절에 왔다. 그는 초라한 절의 모습을 보고 크게 실망한 것 같았다. 나는 그의 심드렁한 얼굴을 보고 불편했지만 그렇다고 내색할 수는 없었다. 그래도 부인의 병을 치유한 절인데 그런 행동은 크게 잘못된 것이었다.

부부를 대면하고서 나는 이렇게 말했다.

"부처님께 기도를 드리지 않아도 됩니다. 제가 보기에 하시는 일이 잘되지 않는 것 같은데 왜 그럴까요. 부인이 그동안 '빙의'가 된 것도 단순히 부인만의 문제가 아니라 사업이 잘 안 되는 남편의 불안 증세가 부인에게 옮겨 가서 생긴 병이 아닐까요. 모든 일의 성공과 실패도 모두 마음의 문제이지요. 부부는 이심전심입니다. 부부간에 애정이 깊고 가정이 안정되어 있는 집은 '빙의'가 될 수도 없습니다. 남편이 사업 부진으로 인해 늘 집에서 안절부절못하고 투덜대면 그 기운이 부인에게 옮겨지고 그것의 영향으로 인해 마음도 불안정해지고 그로 인한 심리적인 것이 원인이 되어서 부인에게 '빙의'로 온 것이 아닐까요."

그제야 수긍이 갔는지 남편의 마음이 조금씩 움직이기 시작했다.

"스님, 듣고 보니 정말 그런 것 같습니다."

아내가 맞장구쳤다.

"봐요. 우리 스님 정말 족집게이지요. 그동안 당신 때문에 내 마음이 얼마나 불안했는지 몰라요. 이제야 내가 빙의가 된 원인을 알 수 있을 것 같아요."

"그렇죠, 부부란 한 몸인데 험한 세상을 살려면 부부가 화합해도 될까 말까 한데 사업이 잘 안 된다고 해서 집에까지 가지고 와서 남편이 불안한 모습을 보이면 부인도 당연히 불안해집니다."

내가 그 부부에게 할 수 있는 말씀은 오직 그것뿐이었다. 그리고 무명사 부처님께 기도를 열심히 하다 보면 모든 것이 잘 풀릴 것이라는 말만 했다. 그 이후로 부부는 주말마다 움막 법당을 찾아와서 열심히 부처님께 기도를 했다.

당시 남편은 건설업을 운영하고 있었다. 법인 소유의 땅을 샀는데 법인 대표가 돈을 가지고 도망쳐버렸고 법인 측에서 땅 매매가 무효라고 주장해서 크게 상심하고 있었던 터였다. 더구나 그 땅을 담보로 은행에서 돈을 빌려서 집을 짓고 난 뒤 갚을 예정이었는데 그게 모두 수포로 돌아갔던 것이다.

은행에서는 그 땅의 소유자가 아직은 법인이어서 돈을 빌려주지 않았다. 이미 막대한 건축 자재까지 들여놓고 보니 부도 직전에 몰리고 있었다. 그러니 남편의 마음이 편안해질 리가 없었다. 거기다 부인마저 신경이 예민해지고 심신이 허약해지다 보니 급기야 불안 증세가 겹쳐서 '빙의'가 된 것이다. 문제는 돈이었다.

나는 고민하는 남편에게 제안을 했다.

"그래요. 다른 은행도 있는데 그쪽에 한번 가보실래요?"

부부는 이 일만 제대로 해결되면 부처님께 보답을 하겠다고 했다. 그 말을 듣고 나는 아연실색했다. 내가 뭐 덕을 보자고 한 말도 아니거니와 더구나 나는 아무런 재주도 없는데 어떻게 해결해줄 수 있겠는가.

"하긴, 밑져야 본전이지요. 스님이 가보라는 은행으로 가보겠습니다."

3일 후 부부가 다시 절을 찾아왔다.

"요즘 집안도 그렇고 해서 천도재를 지내 볼까 합니다."

"천도재를 지낸다고 해결되는 건 아닙니다."

"그래도 한 번 재를 지내고 싶습니다."

"제가 해드릴 수 있는 건 기도밖에 없습니다. 힘들다고 하시니까 저도 마음으로 돕겠습니다."

부부는 정성을 다해서 재를 지냈다. 며칠 후 부부는 연신 싱글벙글 웃으며 스님을 찾아왔다.

"스님, 모든 일이 잘 해결되었습니다. 은행에서 돈을 융통해 준다고 합니다. 제가 변호사를 선임해서 법인을 상대로 소송을 걸겠다고 했더니 법인에서 땅 명의를 이전해주었습니다. 모든 게 스님의 염려 덕분이라는 생각이 듭니다."

"아닙니다. 그건 두 분의 기도 덕분이지요. 모든 건 마음이 만들어내는 것이 아닐까요. 무조건 안 된다는 생각이 앞을 가려서 다른 방도를 찾지 못했던 겁니다. 방도를 찾아보면 세상에 해결되지 않을 일은 하나도 없지요."

우리는 언제 어디서 어떻게 무너질지 모르는 살얼음판 같은 인생을 살고 있다. 오죽하면 부처님께서도 우리가 사는 세상을 '불난 집'에 비유해서 《법화경(法華經)》에 '삼계화택(三界火宅)'이라고 했을까.

우리는 예측 불가능의 시대에 살고 있다. 자신이 아무리 삶의 운전을 잘하고 있다고 해서 목숨을 유지할 수 있는 것도 아니다. 남의 차가 일방적으로 사고를 일으킬 수도 있다. 그러니 어쩌랴!

우리는 서로를 믿고 살아갈 수밖에 없다.

《화엄경》에 보면 '일체유심조(一體喩心造)'라는 선구(禪句)가 있다. "모든 것은 내 마음이 짓는다"는 말로 지금 나에게 닥친 고통도 어쩌면 내 마음이 지어낸 것인지 모른다는 뜻이다. 하면 할수록 늘어나는 것이 걱정이다. 그럴수록 걱정을 과감하게 잊는 것도 좋다. 그러다가 보면 좋은 일도 생긴다.

이와 달리 나쁜 일만을 자꾸 생각하면 그것이 현실로 나타날 수도 있다. 때문에 내일 걱정할 일은 가능하면 내일로 미루는 것이 현명하다.

부처님의 진리는 아주 간단하다.

"과거는 이미 지나갔고 미래는 아직 오지 않았으므로 중요한 것은 지금 이 순간이다."

이게 부처님의 진리이다. 지금 이 순간 나에게 주어진 삶을 충실하게 사는 것이 바로 행복이 아니겠는가.

간절하면 이루어진다

작은 변화가 나를 성장시킨다

세계적인 과학자 아인슈타인은 '행복이란 무엇인가?'에 대해 다음과 같은 정의를 내린 적이 있다.

"성공은 행복의 열쇠가 아니다. 행복이 바로 성공의 열쇠이다. 자신이 하고 있는 일을 진정으로 사랑하는 사람은 이미 절반은 성공한 사람이다. 또한 가장 행복하다고 남으로부터 찬양을 받는 사람은 많은 사람들의 마음을 행복하게 해준 사람이다."

음미해보면 "행복이란 내가 행복한 것보다 타인을 행복하게 해준 사람이 더 큰 행복을 느낀다."는 것이다.

행복에 대해 많은 사람들이 이런저런 정의를 내리고 있지만 따지고 보면 행복에는 별다른 기준이 없다. 명예가 높은 사람이나, 부자나 가난하고 못 배운 사람이나 행복을 위해서 똑같은 고민을 안고 살아가지만 사실은 별 뾰족한 수도 없다. 하지만 반드시 명심해야 할 것이 있다. 행복을 만들어가는 주체도 나이고 불행을 만드는 주체도 바로 나라는 사실이다. 나 자신이 삶이라는 재료를 가지고 어떻게 요리를 하느냐에 따라서 행복이 결정된다. 그러므로 진정으로 행복한 사람은 자신의 가족은 물론, 타인에게 기쁨을 주는 사람이다.

이처럼 우리는 날마다 행복에 대해 많은 고민을 하고 있다. 그런데 알고 보면 행복의 그릇은 아주 거대한 것이 아니라 아주 작은 만족에 있음을 깨닫게 된다.

한번은 절에 한 여성이 찾아와서 상담한 적이 있었다. 상담 요지는 자녀 문제였다.

그녀는 서른 초반에 일찍 남편을 사별하고 두 아들을 홀로 힘겹게 키웠다. 큰아들은 매사에 착실하고 공부도 잘해서 명문대학을 졸업하고 지금은 좋은 직장을 다니고 있지만 작은아들은 매일 사고만 치고 공부는 뒷전이었다.

그녀의 상담 내용은 이랬다.

"스님, 제가 이런 문제로 상담을 드려도 될까요?"

"괜찮습니다. 세상사 모든 일이 부처님 일이니 제가 다 귀담아 듣겠습니다."

"저에게는 두 아들이 있습니다. 큰놈은 잘되었는데 작은놈이 문제입니다. 작은놈도 내 배 아파 낳은 자식인데 이상하게도 형과는 달리 어릴 때부터 반항기가 많고, 공부도 늘 뒷전이었어요. 고등학교를 졸업하고는 1년 동안 빈둥빈둥 놀다가 빨리 군대나 가야겠다고 해서 입대했고 얼마 전에 제대했습니다. 그런데 작은놈이 이제 와서 느닷없이 대학을 가겠다고 합니다. 고등학교에 다닐 땐 하도 농땡이 쳐서 거의 꼴찌를 했어요. 그러니 대학은커녕 근처에도 가기 힘듭니다. 입시학원에 등록까지 했지만 학원에 가는 둥 마는 둥하다가 돈만 깨먹고 있어요. 이를 어찌하면 좋겠습니까?"

사연을 듣고 보니 안타까운 생각이 들었지만 그렇다고 심각하게 걱정할 문제도 아니었다. 오히려 어머니에게 더 큰 문제가 있는 것 같았다. 그래서 내가 이런 말을 했다.

"아이가 하고 싶은 대로 해주세요. 고등학교 때는 늘 사고만 치던 놈이 군대 갔다 와서 대학에 가겠다고 하니 한 단계 발전한 것이 아닐까요. 아마 아이도 많은 고민을 했을 겁니다. 야단치지 마시고 그냥 내버려두시고 격려해주세요. 그 아이는 보살님이 지은 전생의 업으로 인해 고생하고 있는 겁니다."

"업이라니요?"

"하하, 자식이 받고 있는 고통은 다 부모가 지은 죄업의 결과라는 뜻이지요. 그러니 작은아들에게 "내 탓이요." 하고 잘해주세요."

그녀는 내 말이 뜻밖인 듯 계속 업에 대해서 물었지만 나는 점쟁이가 아니어서 그녀가 지닌 전생의 업에 대해선 한마디도 해주지 못했다. 다만 인연의 고리가 그렇게 이어진다는 것을 알려주었을 뿐이다.

일찍 남편을 사별한 탓에 집안 경제도 넉넉하지 못했지만 형과 다른 작은아들이 늘 마음에 걸려서 대학에만 들어간다면 뒷바라지만은 꼭 해주고 싶었다고 한다. 요즘 그녀는 작은아들만 생각하면 너무 가슴이 아프다고 했다.

그러던 어느 날 그녀에게 작은아들이 이런 말을 했다.

"엄마, 나 고등학교 다닐 때 정말 학교에 가기 싫어서 농땡이를 쳤는데 그때 엄마가 날 잡아주지 그랬어."

작은아들이 갑자기 이런 말을 하자 눈물이 앞을 가렸다. 사는 것이 힘들고 바빠서 큰아들의 교육에만 신경을 쓰고 작은아들에게는 전혀 신경을 쓰지 않았던 자신이 후회스러웠다.

남편이 갑자기 죽고 난 뒤 가정이 어려워지자 작은아들이 공부를 잘하는 형을 위해 일부러 대학 진학을 포기했다는 사실을 뒤늦게 알았던 것이다. 그녀는 작은아들에게서 그 말을 듣고 더 가슴이 미어졌다. 오히려 큰아들보다 작은아들의 생각이 더 깊었던 것을 이제야 알게 된 것이다.

남편이 남긴 아파트를 팔아서라도 작은아들을 대학에 보내야겠다는 마음이 꿀떡 같았지만 작은아들은 대견하게도 엉뚱한 생각을 했던 것이다.

나는 그녀의 말을 듣고 한 가지 제안을 했다. 만약, 아이가 대학에 합격하면 장학금을 주겠노라고 했다. 그 신도는 집으로 돌아가서 스님의 뜻을 작은아들에게 전했는데 그 순간 아들은 오히려 화를 냈다고 한다.

"엄마는 왜 그런 말을 스님에게 가서 해요. 가난한 것도 억울한데……."

작은아들을 그대로 두면 마음에 화병이 생길 것 같아서 스님에게 겨우 상담을 했던 것인데 엄마의 마음을 조금도 모르는 작은아들이 그 순간 미워졌다고 한다. 그 후 작은아들은 6개월간 어디론가 사라졌다가 힘든 공사장에서 일을 하고 돌아와서는 적지 않은 돈을 꺼내놓고 이런 말을 했다.

"엄마, 생각해보니 그 스님의 말씀이 너무도 고마웠어요. 내가 철이 없다는 생각이 들었어요. 다 커서 손 내미는 것도 그렇고 해서 학원비를 벌어야 한다는 생각에 공사장에 가서 돈을 벌었어요. 나 공무원 시험 준비할까 봐요."

"공무원 시험이 대학 가는 것보다 어렵다고 하는데 할 수 있겠어?"

"한 3년 죽도록 하면 되겠지."

그때부터 작은 변화가 찾아왔다. 새벽부터 저녁까지 열심히 공부를 한 덕에 1년 6개월 만에 9급 공무원 시험에 합격했던 것이다. 참 대단한 일이었다. 어머니의 고민이 스님을 감동시키고 아이의 마음을 움직이게 했다. 이것이 바로 행복이 아닐까.

생각해보면 세상일은 참으로 신비한 인연의 연속이다. 그렇다고 해서 무슨 운명이나 팔자가 한평생 정해져 있는 것도 아니다. 팔자는 지금 자신이 어떤 생각을 하느냐에 따라 순간순간 바뀐다. 때문에 사람은 자신이 있는 현재의 위치에만 안주해서는 안 된다. 변화의 시작은 미미해도 그것이 점점 커져서 결국 자신의 팔자도 바뀐다.

누구는 부잣집에 태어나서 걱정 없이 호강하고 누구는 가난한 집에 태어나서 평생 뼈 빠지게 고생한다고 투덜거릴수록 더 깊은 나락에 빠진다는 사실을 요즘 젊은이들은 알아야 한다.

부뚜막의 소금도 집어넣어야 짜다. 생각만 하지 말고 지금 자신이 하고 싶은 일을 그대로 실천하는 게 중요하다. 일을 미루다가 보면 이미 때는 늦다. 작은 변화가 자신을 성장시키고 성공으로 이끈다는 걸 명심해야 한다.

천도재를 하는 이유

지금으로부터 100여 년 전, 진주시 비봉동에는 한글도 한자도 똑같은 김재희라는 두 명의 여자가 살고 있었다. 젊은 여자의 나이는 서른 살이고, 또 한 분은 여든 살이었다.

하루는 젊은 김재희가 낮잠을 자다가 염라대왕이 보내온 사자(使者)가 자신을 따라오라고 하는 꿈을 꾸었다. 그녀는 사자를 따라 안개가 낀 강과 산을 건너 염라대왕 앞으로 갔다. 그곳에는 많은 사람이 염라대왕으로부터 생전에 지은 업들을 심판받기 위해 대기하고 있었는데 한참을 기다리다 사자가 그녀의 이름을 불러서 염라대왕 앞에 섰다. 그때 명부를 살피던 염라대왕이 이렇게 물었다.

"자네는 올해 몇인가?"

"서른이옵니다, 대왕님."

염라대왕은 갑자기 소리쳤다.

"어떤 놈이 명부에도 없는 사람을 데리고 왔는가."

그제야 사자는 자신의 실수를 알고서 염라대왕에게 머리를 조아렸다.

"대왕이시여, 한 마을에 이름과 한자가 똑같은 사람이 있는데 제가 잘못 데려왔나이다."

사자는 다시 그녀를 인간 세상으로 내려보냈다.

그 순간 젊은 김재희는 꿈에서 깨어났다. 그녀는 꿈이 마치 현실처럼 너무도 생생해서 종일 마음이 혼란스러웠다.

다음 날, 이웃집 할머니가 간밤에 돌아가셨다는 부고가 날아들었다. 할머니는 저녁을 잘 잡수시고 편안하게 잠들었다가 새벽에 돌아가셨다. 호상(好喪)이었다. 그녀가 간밤에 꾼 생생한 꿈 이야기를 상주(喪主)에게 했더니 가족들 모두가 놀랐다. 그녀는 그날부터 자신을 대신해 세상을 떠난 할머니를 위해 좋은 데 가시라고 사십구재를 함께 지냈다고 한다.

사람의 목숨에 얽힌 재미난 이야기는 예나 지금이나 흔하다. 물론, 달나라로 가는 요즘 시대에 이런 꿈 이야기가 사람들에겐 쉽게 수긍이 가지 않을 수도 있다. 정말 그럴까. 우리가 살고 있는 지구상에는 눈에 보이지 않는 기(氣)의 세계가 있고 과학 이전의 세계가 있다는 뜻이다. 우리가 존재하는 이유도 따지고 보면 과학 이전의 일이다. 이를 두고 불교에서는 인연과 업에 의해서 내가 지금 존재하고 있다고 설명한다.

명절이나 기일이 다가오면 조상들에게 재를 올리는 것도 다 그러한 이유 때문이다. 조상과 부모를 잊지 않고 기리는 마음이 우리 몸속에 은연 중에 작용한다는 뜻이다. 그렇지 않으면 우리가 돌아가신 조상과 부모님에게 왜 제사를 지내겠는가.

불교에는 4대 큰 명절이 있다. 부처님이 탄생하셨던 부처님오신 날(음력 4월 8일), 부처님이 깨달음을 얻기 위해 출가한 날인 출가재일(음력 2월 8일), 부처님이 깨달음을 얻은 날인 부처님 성도재일(음력 12월 8일), 부처님이 열반에 드신 날인 부처님 열반재일(음력 2월 15일)이 바로 그날이다.

여기에 빠질 수 없는 명절이 있는데 바로 '백중(음력 7월 15일)'이다. '우란분절'이라고도 하고 '망혼일(亡魂日)'이라고도 부르는데 '우란분절'은 부처님의 제자인 목련 존자가 지옥에 빠진 어머니의 영혼을 구하기 위해 스님들에게 '우란분회'를 열어서 오미백과(五味百果)를 공양했다고 해서 이름 붙여진 명절이다. 이날 과일과 채소들이 백 가지나 될 정도로 많이 나온다고 해서 유래되기도 했지만, 불가에서 보는 의미는 다르다.

생전에 목련 존자의 어머니는 악행을 많이 저질러서 그에 대한 과보로 인해 아귀(餓鬼)지옥에서 고통을 받고 있었다. 이 같은 모습을 부처님의 위신력으로 보고 난 뒤, 어머니의 영혼을 구하기 위해 목련 존자가 스님들에게 공양한 것이 '백중'의 유래가 되었다.

또한《우란분경(盂蘭盆經)》에는 이날 자식들이 살아 있는 부모나 조상들을 위해 그동안 지은 잘못을 뉘우치고 참회하는 의식인 '자자(自恣)'를 끝내고 청정한 스님들에게 밥 등의 음식과 다섯가지 과일, 향촉과 의복으로 공양했다고 되어 있다.

천도재도 여기에서 유래되었다. 천도라는 말은 죽은 이를 하늘로 인도한다는 의미로 영혼을 극락으로 보내기 위해 치르는 일종의 불교 의식이다. 따라서 사십구재도 일종의 천도 행위로 볼수 있는데 부모나 조상이 돌아가신 이후 7일째 되는 날부터 49일째 되는 날까지 매 7일간 일곱 번의 재를 지내는 걸 말한다.

불가에서 사십구재를 중요하게 여기는 이유는 염라대왕이 생전에 산 망자의 선악(善惡)을 심판하는 날이기 때문이다. 이때 죽은 이는 염라대왕의 심판에 따라 육도윤회를 하게 되는데 생전에 착한 일을 많이 한 중생이 그 과보를 받아서 가는 아수라도, 인간도, 천상도라는 '삼선도(三善道)'와 악한 일을 많이 한 중생이 가는 지옥도, 축생도, 아귀도라는 '삼악도(三惡道)'가 있다. 그러므로 자식들이 천도재나 사십구재를 지내는 것은 죽은 조상을 좋은 곳으로 인도하기 위해서다.

엄격하게 말하면 천도재의 의미는 조상들의 업장과 자신의 두

간절하면 이루어진다

터운 업장을 지우기 위해 지내는 것이기보다는 산 자인 가족들의 평안을 위한 것이라고 할 수 있다. 특히 천도재를 지내고 나면 집안의 우환이 사라지고 복이 깃드는 경우도 많아서 요즘에도 재를 많이 지내고 있다.

절망을 이기고 새 삶을 살다

어떤 아버지가 20세 전후의 딸을 데리고 기도하러 온 적이 있다. 딸이 심한 우울증에 시달리다가 몇 번이나 자살을 시도한 적이 있었다. 정신병원에서 치료도 받아보고 우울증 치료약도 먹어보았지만 차도가 없어서 그대로 있다가는 큰일이 생길 것 같아서 스님을 찾아온 것이다. 대개 우울증은 마음에서 오는 병이기 때문에 기도의 힘을 빌려 딸의 마음을 안정시키기 위해서였다.

내가 의사가 아닌데도 마음에서 오는 우울증이나 정신병들을 잘 치유한다고 소문이 많이 났던 것 같다. 그런 소리를 들으면 무척 당황되기도 하고 한편으론 의아하기도 하다. 몸의 병을 치료하는 건 병원이지만 마음 치료는 종교가 더 나을 수도 있다.

딸의 우울증으로 고민에 가득한 아버지의 눈가는 촉촉하게 젖어 있었다.

"스님, 제발 제 딸이 앓고 있는 병을 고쳐주십시오. 그동안 자살 시도만 세 번이나 있었습니다. 이대로 있다간 정말 큰일이 생길 것 같습니다. 월급은 안 주셔도 되니 심부름이나 시키면서 시집갈 때까지 절에서 데리고 있어주시면 안 될까요?"

딸을 사랑하는 아버지의 마음이 눈빛에서 간절하게 흘러나왔다. 나는 사정을 듣고 일언지하에 거절할 수도 없고 해서 참으로 난감했다. 그렇다고 우울증을 앓는 다 큰 여자를 절에 둘 수도 없고 자칫 큰일이라도 생길 것 같아서 신도들과 의논한 뒤에 가부를 결정하겠다고 했다.

신도들의 반대에도 불구하고 고민 끝에 한 며칠간이라도 절에서 지내게 하며 딸의 심리 상태를 보자고 했다. 부처님께 기도도하고 마음을 닦다 보면 우울증도 가시지 않을까 생각했던 것이다. 더구나 절에서 맑은 공기를 쐬면 건강도 좋아질 것이고 도반들과 지내다 보면 딸의 기분도 예전보다 좋아질 것이라는 판단이 섰기 때문이다. 게다가 아버지의 간곡한 청을 거절하는 것도 도리가 아닐 듯싶었다.

절에는 연세가 많은 신도들이 대부분이어서 젊은 처자들은 좀처럼 산사 생활에 적응하지 못하는데 젊은 처자가 그것을 극복할지 내내 염려스럽기도 했다. 나로선 얼굴도 곱고 예절도 바르고 상냥한 처자가 어찌 저런 마음의 병을 앓고 있는가 싶어서 안돼 보이기도 했다.

3일째 되는 날, 처자는 스님에게 편지를 달랑 남겨두고선 어디론가 사라졌다. 당연히 가족들도 난리가 나고 절에도 비상이 걸렸다.

"스님, 저의 어머니가 얼마 전에 돌아가셨습니다. 어머니가 보고 싶어서 도저히 견딜 수가 없습니다. 어머니가 없는 세상은 마치 허공과 같아서 어머니 곁으로 가고 싶어서 몇 번이나 죽을 결심을 했습니다. 그런데 죽는 것마저도 마음대로 안 되는 것은 무슨 까닭일까요. 스님, 정말 죽고 싶습니다. 사는 것이 저에겐 아무런 의미도 없고 목적도 없습니다. 지금 죽으면 당장 어머니를 볼 수 있는지요?"

아뿔싸! 편지를 읽어보니 당장이라도 무슨 일이 일어날 것만 같아서 경찰서에 먼저 신고했다. 사연인즉 어머니는 1년 전 교통사고로 크게 다쳐서 수술 끝에 돌아가셨다. 그날, 딸은 자신의 몸속으로 어떤 기운이 들어오는 걸 느꼈다고 한다.

그 이후부터 젊은 처자는 자기 몸을 마음대로 움직일 수 없었다. 죽은 어머니의 영(靈)이 몸속으로 들어와서 처자의 주위에서 머물다가 때론 환영으로 나타나기도 했다.

나는 편지를 읽고서 덜컥 겁이 났다. 아닌 게 아니라 스무 살밖에 안 된 젊은 처자가 오직 죽음만을 생각한다는 게 될 법한 일

인가. 사연을 듣고 보니 너무나 가슴이 아팠다. 어떻게든 젊은 처자가 앓고 있는 마음의 병을 치료할 수 없을까 하고 많은 고민을 했다.

그 아이는 편지 말미에 이렇게 당부까지 해두었다.

"스님, 편지 내용을 절대로 아버지에겐 비밀로 해주세요."

부녀 간에 무슨 일이 있었을까? 의문이 일어났지만 알 수 없었다.

며칠이 지난 후 뜻밖에도 이 처자는 다시 절에 나타났다. 자신의 마음에 큰 변화가 일어난 것 같았다. 나는 그 순간 부처님의 원력으로 이 가엾은 젊은 처자를 살려야겠다는 생각이 들어서 신도들에게 신신당부했다.

"이 처자는 지금 어머니의 죽음으로 인해서 마음의 병이 깊습니다. 그러니 우리 신도들이 잘 보살펴주어야 합니다. 지금 이 처자에게 진정 필요한 것은 어머니이고 여러분들의 사랑입니다."

그랬더니 어떤 신도는 자칫 송장치레하는 일이 발생하면 절의 소문도 좋지 않으니 내보내자고 했다. 나는 그게 도대체 무슨 말이냐고 크게 나무랐다. 불교에서 가장 중요한 것은 불살생이다. 자살하려는 사람을 다시 되살리는 일만큼 큰 공덕이 없다는 걸 강조하면서 신도들을 설득했다.

신도들은 젊은 처자를 잘 보살폈다. 날이 갈수록 얼굴에 있던 그늘이 조금씩 사라지고 평소엔 전혀 웃지도 않았던 얼굴에 미소가 감돌기 시작했다. 종무를 시키면 잘 해내었다. 나는 수시로 세상의 어려움을 이기는 방법들을 말하기도 했다. 신도들이 때론 어머니처럼 이모처럼 잘 대해주었더니 처자의 마음에도 큰 변화가 왔던 것이다. 그녀에게 필요했던 건 사랑과 관심이었다. 그때 나는 사람을 살리는 일만큼 이 세상에서 가장 중요한 것이 없다는 생각을 했다. 그것이 바로 부처님을 따르는 길이기도 했다.

신도들은 처자를 만나면 살얼음을 딛듯이 조심스레 관찰하면서 혹시 나쁜 마음을 갖지 말기를 모두가 진심으로 바랐다. 나중에 알았지만 어머니가 돌아가시고 난 뒤 아버지가 다른 여자를 만나는 것에 대한 배신감이 깊었다.

아버지도 그 사실을 알고는 잘못을 자책했다.

그러던 어느 날이었다. 젊은 처자가 법당에서 혼자서 무릎을 꿇고 천수경을 독송하면서 기도하다가 갑자기 옆으로 쓰러졌다. 잠시 후 깨어났길래 무슨 일이냐고 물었다.

"스님, 어떤 사람에게 머리를 맞았습니다. 누구인지 잘 모르겠습니다."

처자는 갑자기 울기 시작했다.

"스님, 무서워요. 검은 옷을 입은 사람이 나를 잡아가려고 해요."

나는 처자가 앓고 있는 병이 뭔지 비로소 알았다. 어머니의 죽음으로 인한 깊은 상처 때문에 '빙의'를 겪고 있다는 생각이 들었던 것이다. 이 말을 신도들에게 전하자 천도재를 한번 지내보자고 했다. 재 비용은 신도들이 모아서 접수하고 뒤로는 다시 회수하고 이러기를 계속 반복하면서 모든 신도들이 그녀의 병을 고치기 위해 노력하고 있다는 것을 직접 처자에게 보여주었다. 사실 재 비용은 무료였다. 말하자면, 모든 사람들이 그녀의 병을 고치기 위해 지금 노력하고 있다는 걸 진심으로 보여주었던 것이다. 그리고 날을 잡아서 천도재를 지냈다.

처자는 정상적인 사람으로 돌아왔다. 마음의 병을 훌훌 벗어버린 것이다. 어쩌면 모든 병은 마음먹기에 달린 것이지만 말로 표현할 수 없는 '무병' 같은 것이 있다. 처자가 어머니의 죽음으로 인해 돌이킬 수 없을 정도로 삶의 의욕을 잃어버린 것이 가장 큰 이유였다.

하지만 그보다 더 큰 것은 마음의 상처였다. 아버지의 배신으로 인해 삶의 의욕이 떨어졌기 때문이다. 아버지가 딴 여자를 만나고 있는 것에 대한 복수로 자살을 결심했고 그것이 환영으로 나타났던 것이다. 이렇듯 아무리 힘들더라도 그 원인을 제대로 알고 잘 다스리면 어떠한 어려움도 잘 극복할 수 있다.

생명과 존엄사

나는 시래깃국을 매우 좋아한다. 시간이 나면 시래깃국을 파는 식당에서 공양을 해결하기도 한다. 하루는 그곳에서 지인들과 공양을 하고 있는데 여주인이 내게 딱 달라붙어서 애걸복걸했다.

"스님, 부탁드릴 말씀이 있습니다."

여주인의 눈가에는 눈물이 맺혀 있었다. 아닌 게 아니라 절에도 생전 안 오던 여주인이 난데없이 나를 보자마자 자신의 부탁을 들어달라고 하니 나로선 의아스러웠다.

"부탁을 들어달라는데 도대체 그게 어떤 것이기에 내게 눈물까지 보이시는가. 말해보시게."

정말 알다가도 모를 일이었다. 시래깃국 식당은 부산에서도 맛이 좋기로 널리 소문이 나서 평소에도 많은 사람들이 찾았다. 내가 간 그때도 여기저기 손님들이 많이 앉아 있었는데 난데없이 여주인이 내게 눈물까지 보이면서 다가왔던 것이다.

"친정어머니의 병 때문입니다."

"친정어머니 때문이라니?"

"스님께서 용하다는 소문이 많이 났는데, 제게 시간 좀 내어 주실 수 있는지요?"

"내가 뭐 점쟁이도 아니고 누가 그랬는가? 정 그렇다면 절로 한번 찾아오시게."

식당 문을 나오면서 나는 속으로 중얼거렸다.

'뭐 내가 용하다고 내가 점쟁이도 아니고 수행하는 승을 보고 점쟁이 취급을 하는 것도 그렇고.'

여간 마음이 불편하지 않았다. 게다가 식당에 많은 사람들이 앉아 있었는데 청승맞은 여주인의 행동을 수상하게 보았을 것이다.

며칠이 지난 후, 식당 여주인이 정말 절로 찾아왔다. 친정어머니가 지금 말기암인데 뼈와 가죽만 남아서 생사를 헤매고 있고, 사람도 거의 알아보지 못한 채 식물인간 상태로 누워서 한 해가 지났다는 사연이었다. 워낙 병이 위중해서 모든 가족들이 간호만을 하고 있다 보니 산 사람조차 죽을 지경이라고 했다. 요즘은 너무 통증이 심해서 매일 진통제로 연명하고 있고 의사도 전혀 회생할 가망이 없다고 했다.

"스님, 제발 우리 어머니 빨리 극락왕생하도록 빌어주십시오."

"아니, 나에게 어머니가 빨리 죽게 해달라고 빌어달라는 말인가. 그게 어디 될 법한 말인가. 지금껏 많은 기도를 해보았지만 이런 기도는 처음이고 그건 할 수가 없네."

참 기가 막힐 노릇이었다. 세상에 자식이 어머니가 빨리 돌아가실 수 있도록 기도해달라는 것은 하늘이 놀랄 일이고 천인공노할 일이라는 생각이 들었다. 한편으론, 오죽하면 그러겠는가 하는 생각이 들기도 했다.

"여보게, 나는 그런 기도는 차마 할 수가 없네. 다만, 어머니가 빨리 병석에서 일어나시라는 기도는 할 수가 있네. 그렇지 않나. 사람의 목숨도 다 제 명(命)이 있는 것이네, 어머니가 병석에 누워 있는 것도 자식들이 지은 죄업의 결과라네. 차라리 정 기도를 하고 싶다면, 어머니가 지은 업과 자식들이 지은 업장을 지우는 천도재를 지내는 것이 정답이네."

여주인은 그제야 내 말을 알아들었는지 고개를 끄덕거렸다. 아무리 어머니가 식물인간일지라도, 오늘 당장 돌아가신다고 하더라도 숨이 붙어 있는 한 최선을 다하는 것이 자식의 도리가 아니겠는가.

지금 존엄사(尊嚴死)에 대한 문제가 심각하다고 한다. 우리가 현재 존재하는 이유도 부모님이 있기 때문이다. 가시는 길까지 자신의 목숨을 다 바쳐서라도 부모님을 보살펴야 하는 게 자식의 도리이다. 생명은 귀중한 것이다. 부모님을 사랑하는 마음이야말로 진실로 우리가 회복해야 할 자비심이다.

선행은 전염된다

　지금으로부터 아주 오래전의 일이다. 비구계를 받고 난 뒤 도반과 함께 만행(萬行)을 떠났을 때였다. 당시만 해도 나는 딱히 머물 곳이 없어서 여기저기 수소문하다가 공부를 많이 하신 큰스님이 있는 절로 가기 위해 어느 소도시의 시외버스 터미널 의자에 정처 없이 앉아 있었다.

　그날따라 날은 궂고 추운 데다가 눈이 많이 내려서 터미널은 많은 사람들로 붐볐다. 나는 시골에 있는 어느 유명한 절로 가기 위해 두 시간마다 있는 버스를 하염없이 기다리고 있었다.

　그때 한쪽 발이 없어 목발을 짚고, 얇은 여름옷을 입고 껌을 팔러 다니는 한 청년이 눈에 띄었다. 그를 진심으로 도와주고 싶었지만 수중엔 버스비 정도만 있어서 껌을 살 수가 없었다. 청년은

간절하면 이루어진다

버스 터미널 안을 빙빙 돌면서 사람들에게 껌을 내밀었지만 도무지 팔리지 않았다. 나는 두 손을 합장하면서 마음속으로 부처님께 기도했다.

"부처님, 저 가엾은 중생을 도와주십시오."

그 말이 떨어지는 순간, 한 장병이 달려가서는 천 원짜리를 내밀었다. 껌팔이 청년이 껌을 주자 장병은 한사코 껌을 받지 않겠다면서 손을 내저었다. 청년은 껌을 주겠다고 하고 장병은 받지 않겠다고 실랑이를 하는 모습이 참 아름답게 보였다.

조금 있으니 그 광경을 목격한 여고생과 젊은 여자가 껌을 하나 샀다. 그런 후 여기저기에서 껌을 사기 시작했는데 나는 그 광경을 보면서 마음이 흐뭇해졌다. 한 장병이 가난한 장애인을 위해 껌을 사는 모습이 다른 사람의 마음을 움직였던 것이다. 그러고 보면 선행도 전염이 된다는 것을 그때 나는 알았다.

껌팔이 청년이 다시 다가와서는 나에게도 가벼운 목례를 했다. 하지만 나는 돈이 없어서 껌을 사주지 못했다. 나는 순간적으로 눈을 질끈 감아버렸다. 아닌 게 아니라 사람들의 눈이 모두 내 쪽으로 모이는 것 같아서 식은땀이 났다.

'스님이 가난한 사람을 돕지 않네.'

아마 그런 눈빛이었던 것 같다. 그때였다. 함께 만행을 나선 도반이 내게 돈을 주면서 껌을 사라고 했다. 참으로 고마웠다. 그날따라 껌팔이 청년에게 왜 그렇게 부끄러운 마음이 들었는지 모르겠다. 장병도, 여고생도 젊은 여자도, 농부도, 아주머니도 목발 짚은 청년을 도와주는데 스님이 되어가지고 도와주지 못한다는 것은 참 부끄러운 일이었다.

사실, 수계를 받고 만행을 떠나는 수좌들에겐 돈이 있을 리가 없었다. 여비 몇 푼이 전부였다. 더구나 나는 적을 둔 절도 없고 해서 그동안 한 푼의 보시도 받지 못했다. 함께 길을 나선 도반 스님이 나보다 형편이 좀 나아서 점심 공양도 도움받았다. 물론 돈이 없으면 껌을 사주지 않아도 된다. 돈이 없는 내가 가난한 사람을 돕지 않았다고 부처님이 나무라지는 않을 것이다. 하지만 그때 나는 누군가가 진실하게 마음을 내면 다른 누군가도 마음을 낸다는 걸 처음으로 깨달았다.

그렇다. 부처님은 어디에도 다 계신다. 어려운 일이 있을수록 한결같은 마음을 갖고 서로 돕는다면 세상은 참으로 따뜻해진다는 것을 나는 그날 목격했던 것이다. 비록 돈이 없어서 보시를 못할지라도 가난한 이웃을 돕겠다는 마음이라도 갖고 있다면 그 사람이 바로 부처님이 아닐까. 우리가 사는 세상은 우리가 생각하는 것보다 훨씬 더 따뜻하다.

간절하면 이루어진다

비행청소년을 제도하다

무명사가 움막 법당에 있을 때 한 어머니가 눈가에 눈물을 글썽이면서 상담 요청을 했다. 얼마나 힘들었으면 바람만 불어도 금방 쓰러질 것 같은 모습이었다.

"어떤 일로 찾아왔습니까?"

어머니는 머뭇거리다가 힘겹게 말을 꺼내었다.

"주위분들의 말을 빌리자면 스님이 용하시다는 말을 들었는데요. 저의 딸 좀 구해주세요."

"딸을 구해달라니요. 그게 무슨 말씀이신가요?"

사연인즉슨 이랬다. 남편과 일찌감치 이혼한 뒤 대학생 아들과 중학생 딸을 키우고 있는데 아들은 착한 반면에 중학생인 딸은 가출해서 6개월 동안 학교에 가지 않았다. 수소문 끝에 겨우 딸을 찾아서 집에다가 데려놓으면 나가서 나쁜 친구들이랑 어울려 다니면서 도둑질하거나 아이들의 돈을 뺏곤 한다는 것이다.

듣고 보니 참 처지가 안타까웠다. 내가 출가하여 스님의 길로 간 것도 다 중생을 제도하기 위함인데 어머니를 정말 도와드리고 싶었다.

"딸이 어디에 있는가요? 혹시 절에 데려올 수 있나요?"

"지금은 가출해서 소식도 없는데 찾아서 데려오겠습니다."

그날 밤 어머니에게서 전화가 왔다.

"스님, 딸이 제 발로 집에 들어왔네요."

"하하, 그 녀석이 어머니의 마음을 알았나 봐요."

다음 날이었다. 절에 오지 않겠다는 딸을 어머니와 이모가 반강제로 데리고 왔다. 딸의 얼굴과 눈빛은 마치 금방이라도 할퀼 것 같은 고양이처럼 격분에 찬 모습이었다.

무엇이 저 아이를 저토록 화가 나게 했을까? 어떤 말을 해도 들을 것 같지 않았고 통하지도 않을 것 같아서 우선 심리적으로 안정을 시켜야 했다. 그날 나는 모녀가 먼저 법당으로 가서 기도하게 한 뒤 조용히 딸만 불렀다. 왜 자꾸 가출을 하는지 그 이유를 아는 것이 급선무였다.

딸은 단둘이 있게 되자 겨우 입을 열었다.

"부모님이 이혼하고 난 뒤 정말 힘들었어요. 게다가 엄마는 오직 오빠만 챙기고 나에겐 조금도 관심이 없었어요. 바로 그게 이유예요."

대개 자녀들의 비행은 부모님의 관심에서 이탈할 때 나타난다는 심리학자들의 말이 있듯이 딸도 마찬가지였다. 한창 관심을 받아야 할 여중생이 부모님의 이혼으로 인해 상처를 받게 되고 또한 오빠와 차별대우를 받으며 엇나가게 된 것이 그 이유였다. 더구나 어머니는 돈을 벌기 위해 어린 딸에게 소홀했다.

"애야, 그래도 어머니는 너를 위해서 저렇게 절에 와서 기도하는 등 애쓰고 있다는 걸 알아야 한다. 세상에 자식을 싫어하는 부모가 어디 있겠니?"

그날 나는 어머니가 가지고 있는 사랑하는 마음을 딸에게 차근차근 주입시켰다. 화가 가득했던 딸의 얼굴에 조금씩 웃음기가 번지기 시작했다. 어머니가 오빠만을 위하고 허구한 날 야단을 치니 딸은 설 자리가 없었다. 그런데 어머니의 마음이 그게 아니라는 걸 알고는 딸은 제자리로 조금씩 되돌아왔고, 그로 인해 심적으로 안도감이 들었던 것이다.

그날 딸과 함께 집으로 돌아간 어머니에게서 전화가 왔다.

"스님, 세상에 제 딸이 집에서만 지내고 있어요. 도대체 어떻게 하셨기에 저리도 딸아이가 얌전해졌나요?"

나는 그냥 웃고 말았다.

"하하, 난 아무것도 한 게 없어요."

며칠이 지나서 어머니가 딸을 데리고 또 절에 왔다. 나는 마치

손녀를 대하듯이 말을 했다.

"그래 잘 지냈어? 얼굴이 많이 좋아졌네. 학교에 다시 가야지. 엄마 말씀으로는 공부도 꽤 잘했다고 하던데 다시 열심히 공부해야지."

중학교 3학년인 딸은 워낙 결석을 많이 해서 퇴학 위기에 처해 있었다. 나는 어머니를 대신해 담임 선생님에게 "그 학생은 공부를 잘하니 졸업만은 시켜달라."고 사정했다. 그 후 딸은 겨우 중학교를 졸업하고 고등학교에 진학했다.

원래 머리가 좋은 편이었기 때문에 집안이 안정되면 예전 모습으로 돌아갈 학생이었다. 딸이 마음을 잡자 가정도 화목해졌다. 뿐만 아니라 고등학교에 진학한 뒤로는 열심히 공부하여 첫 시험에서 좋은 성적을 받았다. 딸은 그때부터 신이 났는지 열심히 공부해서 전교 꼴찌에서 전교 23등까지 등수가 치솟았다.

인생지사 새옹지마라고, 그러던 어느 날 집안에 안 좋은 일이 닥쳤다. 어머니가 부동산에서 일을 하고 있었는데 갑자기 계약했던 집이 해약될 지경이었다. 그로 인한 손실도 커서 또 나를 찾아왔다.

"스님, 좀 도와주세요."

나로선 참 난감했다. 뜻대로 되는 세상일이 어디 있겠는가? 내가 할 수 있는 말은 오직 하나뿐이었다.

"부처님께 열심히 기도해보세요. 제가 도와줄 수 있는 일은 이것밖에 없습니다. 모름지기 사람의 마음을 잘 설득하고 그 마음을 움직이게 해야 합니다."

함께 며칠 동안 기도하고 난 뒤 연락이 왔다.

"스님, 모든 것이 잘 해결되었습니다. 다 스님 덕분입니다."

일이 해결되자 어머니는 절에 도움이 될 만한 일이 없는가 생각하다가 천도재를 지내게 되었다. 그동안 사느라 바빠서 조상들을 되돌아볼 여유가 없었다는 것이다. 어머니의 간절한 요구에 의해 재를 지내게 되었다.

그러던 어느 날이었다. 어머니가 갑자기 쓰러졌다. 밤에 자다가 허리 통증이 너무 심해서 응급실에 실려갔는데 MRI를 찍고 검사를 해보니 척추 물렁뼈가 닳아서 인공관절을 넣어야 한다고 했다. 당장 치료비가 급했지만 수술비가 없었다. 딸의 얼굴을 보자 측은한 생각마저 들었다.

"스님, 이제 어쩌지요. 엄마 치료비라도 제가 벌어야겠어요."

딸의 눈가에는 눈물이 흘러내렸다. 너무도 안돼 보였다. 어머니의 병도 문제지만 자칫 병원비 때문에 딸이 예전의 비행 소녀로 다시 돌아갈까 봐 나로선 염려가 되었다.

"얘야, 엄마 치료비는 걱정하지 말아라. 내가 어찌 해볼게. 너는 오직 열심히 공부만 하면 된다."

나쁜 친구가 자꾸 딸을 꼬드겼다. 딸은 어머니의 치료비 때문에 마음이 뒤숭숭했다. 자칫하면 또 나쁜 곳으로 빠질 수도 있기 때문에 나로선 도와줄 수밖에 없었다.

그리고 딸에게 이렇게 말을 했다.

"엄마의 치료비는 내가 다 해줄 테니 대신에 네가 꼭 갚아야 한다. 그 돈은 내 돈이 아니라 바로 부처님의 돈이다. 이자도 없고 갚아야 할 기간도 무한대다. 설령 내가 죽고 없더라도 너는 반드시 성공해서 이 돈을 모두 갚아야 한다. 그런데 공부도 하지 않고 어떻게 그 많은 병원비를 갚을 수 있겠니?"

딸은 생각보다 똑똑했다.

"네, 스님. 열심히 공부해서 좋은 대학에 진학하고 졸업한 뒤 취직해서 돈을 벌게 되면 꼭 갚겠습니다."

그날 나는 딸과 굳은 약속을 했다. 그 후 딸은 대학에 진학했고 오빠도 대학을 졸업한 뒤 좋은 직장을 얻었다. 이렇듯 간절하면 세상에 안 이루어지는 것이 없다. 중요한 것은 어려운 일이 닥쳐도 이를 이기고자 하는 마음에 달려 있다. 나와 모녀와의 인연은 지금까지도 계속되고 있다. 그것은 다름 아닌 부처님과의 인연이다.

마음의 눈

마음에도 눈이 있습니다.

그런데 마음의 눈에 때가 끼면 어떻게 될까요.

이 세상을 제대로 보지 못합니다.

그러니 참선을 통해서

마음의 눈에 낀 때를 씻으세요.

나와 남을 용서하세요

일체중생은 모두 평등하기에
누가 누구를 용서한다는 말은
필요하지 않습니다.

용서보다 더 중요한 건
잘못한 사람이
스스로에게 하는 참회입니다.
자신에게 용서를 비는 것보다
더 중요한 것은 없습니다.
아무리 남이 용서한들
스스로 참회하지 않는다면
그건 진정한 용서가 아닙니다.

간절하면 이루어진다

업

우리는 알게 모르게 업을 많이 짓지요.

혹자는 죄를 지은 일이 없어서

업이 없다고 항변하겠지만

길을 가다가 개미나 벌레를

밟아서 죽이는 것도 업입니다.

자기가 지은 업은 누가 대신 없애주지 않으므로

반드시 자신이 없애야만 합니다.

좋은 업을 지으면 좋은 인과를 얻게 되고

나쁜 업을 지으면 나쁜 인과를 받게 되지요.

선인선과 악인악과(善因善果 惡因惡果)입니다.

당신은 지금 어떤 과보를 받고 있습니까?

스스로에게 물어보세요.

당신은 누구인가요?

한 번쯤 자신은 누구이며

어디에서 왔는가를

당신은 생각해본 적이 있나요?

자기가 누구인지 똑바로 아는 사람은

자신이 해야 할 바를 제대로 압니다.

지금 당장 마음의 눈을 뜨고

내면의 나를 살펴세요.

나를 가로막고 있었던 오랜 벽이 무너지고

깨달음의 문이 환히 열릴 것입니다.

간절하면 이루어진다

마음이 곧 부처

즉심시불(即心是佛)은

내 마음이 곧 부처라는 말입니다.

바로 '마음이 부처'라는 뜻이기도 합니다.

이를 알면 세상은 보다 평화로워질 것이고

이를 모르면 괴로움만 쌓일 것입니다.

곧 '마음이 부처'임을 아는

마음의 눈을 뜨게 되면

'산은 산이고 물은 물'임을 알게 됩니다.

있는 그대로가 곧 부처입니다.

자리이타

우리가 모두 행복해지려면

나도 위하고 남도 위하는

자리이타(自利利他)를 실천해야 합니다.

이 세상이 어둠 속으로 깊이 빠지는 건

오직 자신의 이익만을 추구하는

이기심 탓입니다.

그런 사람은 결국 인과가 좋지 않습니다.

상주불멸 불생불멸(常住不滅 不生不滅)

바다는 눈으로 보면 그 밑을 잘 알 수가 없지만

끊임없는 소용돌이가 일어나고 있습니다.

이처럼 모든 중생들은 사라지지 않는

불성을 지니고 있는데 이를 두고

상주불멸이라고 합니다.

모든 생명들은 온 곳을 모르고

가는 곳을 모르기 때문에

태어나지 않고 사라지지 않는다고 해서

불생불멸이라고 합니다.

우리는 태어나지도 않았고 멸하지도 않은 까닭에

생과 사는 둘이 아니라 오직 하나입니다.

금수저 흙수저

요즘 젊은이들 사이에 유행하는 말이

'금수저, 흙수저'라고 합니다.

저는 심히 걱정스럽습니다.

우리 젊은이들이 스스로 절망할까 봐

염려가 되기 때문입니다.

운명은 정해져 있는 게 아니라 언제든지

자신의 노력 여하에 따라서 바뀔 수가 있습니다.

운명을 바꾸기 위해 스스로 노력하다 보면

어느 날 큰 복도 받을 수가 있습니다.

간절하면 이루어진다

3부

새도 날고 싶으면
날개를 펴야 한다

꽃도 꽃을 피우기 위해선
비와 햇빛을 맞아야 하고
새도 하늘 높이 날고 싶으면
날개를 펴야 하듯이
서원을 이루려면 열심히 기도해야 한다.

정신병도 기도를 통해 낫는다

우리 절에 다니는 신도가 정신이상 증세로 고생하고 있는 한 여성 환자를 데리고 왔다. 그녀는 얼마 전까지만 해도 멀쩡했는데 밤마다 소리를 지르고 몸을 부르르 떨기도 하는 등 심한 공포에 휩싸였다. 그동안 정신병원에도 다니면서 치료와 약을 병행했지만, 병이 점점 심해져서 할 수 없이 기도의 힘을 빌리기 위해 절을 찾아왔던 것이다.

일반적으로 정신병은 정신 기능에 이상이 나타나서 사회와 일상생활에 잘 적응하지 못해 지장을 초래하는 병적 상태를 말한다. 대부분 정신병은 주위나 외부로부터 받은 심각한 정신적 충격으로 인해 심신이 허약해져서 일어나는 것으로 주로 마음에서 기인하는 경우가 많다.

더구나 그녀는 불교 신자도 아니고 절에 다닌 적도 없었는데 오죽하면 의사도 아닌 나를 찾아왔겠는가 싶어서 정성스럽게 그녀에게 심리 상태를 물었다. 일전에도 우울증에 걸린 환자들이 절에 와서 재와 기도를 병행하고 치료가 된 경우가 있어서 이 환자도 우리 절을 찾아왔던 것이다.

"가족은 몇이죠?"

"남편과 아들딸, 그리고 시어머니를 모시고 있습니다."

옆에서 신도가 말했다.

"자꾸 눈에 헛것이 보이고 소 떼가 지나간다고 합니다. 심지어 소가 자신을 때린다고 합니다."

나는 의아해서 반문을 했다.

"왜 눈에 소 떼가 보일까요. 혹시 환자분이 소띠입니까?"

"아, 맞아요. 제가 소띠입니다."

무심결에 한 말이지만, 태어난 띠와 눈에 보이는 소 떼가 연관이 있다는 생각이 들었다. 환자는 보기에는 멀쩡해 보였지만 극도의 환영에 시달리는 것 같았다. 밤마다 헛것이 보이고 심한 불면증에 시달리고 있었다. 하지만 도무지 그 이유를 알 수가 없었다. 모든 병에는 원인이 있듯이 그녀에게도 어떤 심각한 원인이 있을 것이라는 생각이 들었다.

현재 남편은 고위 공직에 있고 아들과 딸은 대학 졸업 후 직장에 다니고 있고, 시어머니를 모시고 있는 평범한 가정주부였다.

그녀는 이른 새벽부터 일어나서 출근하는 남편과 아들의 양복은 물론, 심지어 딸의 옷까지 챙기고 난 뒤 나중에는 시어머니까지 봉양했다. 하지만 정작 자신은 아침 끼니조차 거를 때가 많았다. 한마디로 그녀는 식모살이를 하고 있었다.

그러던 중, 자신의 존재에 대해 뒤돌아본 뒤 깊은 허탈감에 빠졌다.

'내가 이렇게 살아야 하나.'

자신의 현재 위치를 생각하니 갑자기 서글퍼졌다. 말하자면 평생 남편과 자식, 그리고 시부모만을 챙기면서 살아온 자신에게 깊은 후회가 밀려들었다. 날이 갈수록 그녀의 상심은 점점 깊어져갔다. 그때부터 그녀는 정말 사는 게 사는 것이 아니었다고 한다.

이러한 절망감으로 인해 우울증이 찾아오고 급기야는 남편과 자식들마저도 미워지기 시작했고, 고부 갈등도 점점 깊어졌다. 꿈 많았던 젊은 시절은 고사하고 남편과 자식들을 뒷바라지하는 밥순이가 된 자신이 한심한 생각이 들었던 것이다.

문제는 그것만이 아니었다. 우울증이 깊어지면서 눈에서 이상한 환각 증상이 일어나기 시작했고 나중에는 과대망상증까지 생겼다. 그런 그녀를 두고 남편과 자식들은 아예 정신병자 취급하며 정신병원에 가서 치료와 상담을 받게 했지만 도무지 나아지지 않았다.

나는 그녀가 그동안 겪었던 이야기를 모두 듣고서 한 가지 묘
안을 짜내었다. 사실 그녀는 정신병에 걸린 게 아니었다. 가족들
을 뒷바라지하고 난 뒤 밀려오는 허탈감이나 소외감으로 인해서
생긴 마음의 병이었다. 나는 그녀에게 꾸준하게 기도 생활을 할
것을 권했다.

"보살님의 병은 정신병이 아닙니다. 가족으로부터 소외당해서
생기는 일종의 마음 문제지요. 앞으로는 남편과 아들딸 옷을 챙
기지 마시고 스스로 해결하도록 하세요. 평소에 작은 것도 일일
이 챙겨주다 보니 버릇이 된 것 아닐까요? 가족들은 손이 없습니
까. 발이 없습니까. 그냥 내버려두세요."

"맞아요. 맞아."

옆에 있는 신도가 맞장구를 치니 그제야 그녀의 얼굴에 화색이
돌았다. 참 고운 얼굴이었다. 나는 한마디 덧붙였다.

"내가 너희들 종이냐고 말하세요. 바쁜 남편은 어쩔 수 없이 챙
기더라도 이제부터 자식들에게 할 일을 스스로 하라고 하세요."

"그래도 제가 해주어야지요."

"아닙니다. 이제부터는 자신만을 위해 사셔야 합니다. 남편과
자식들을 위해 그만큼 뒷바라지를 했으면 됐지 뭘 또 합니까. 내
가 보기에는 이대로 있다가는 더 큰 마음의 병이 생깁니다. 나중
에는 그게 암이 될 수도 있습니다."

나는 그녀에게 잠시 절에서 머물면서 기도 생활을 하도록 권했

다. 아침에 일어나서 기도하고 주말이면 공기 좋은 산에도 가고 여행을 떠나보라고 했다. 그녀는 그 후 매주 절에 와서 기도도 하고 불교 교리 공부도 하고 도반들을 만나는 등 예전의 모습으로 돌아왔다. 가족들도 얼굴이 좋아진 그녀 모습을 보고 매우 흡족해했다.

이렇듯 그녀가 겪고 있었던 병은 모두 마음에서 비롯된 것이었으며 외부가 아니라 자신의 문제였다. 남편이나 자식도 알고 보면 소유물이 아니다. 자신의 것도 아닌데 스스로 그들을 돌봐야 한다는 지나친 정신적 압박감을 느끼는 것은 그녀에게 큰 해가 되었다. 자식들도 어른이기 때문에 당연히 자신이 할 일을 스스로 하도록 해야 한다. 이젠 자신의 몫을 찾아야 할 때이다.

상황이 좋아지자 남편이 찾아와서 절에서 천도재를 지내자고 했다. 어머니에게 약간의 치매 증세가 있고 아내가 병이 난 것도 모두 조상을 제대로 모시지 못했기 때문이라고 판단했던 것이다. 아내의 건강을 회복하게 해주신 스님에게 보답을 해야겠다는 생각도 있었다. 나는 만약, 그런 뜻이라면 천도재를 하지 않아도 된다고 분명히 말했다.

재를 지내는 마음도 진심에서 우러나와야 가족이 잘된다. 보답하기 위해 재를 지낸다는 건 천도재의 본질이 아니라고 말했다. 하지만 가족들이 하도 간곡하게 부탁해서 결국 천도재를 지냈다. 그 후로 환자의 건강도 확실히 좋아지고 고부간의 갈등이 사라졌으며 치매를 앓고 있었던 시어머니의 건강도 좋아졌다.

우리 눈에는 안 보이지만 부처님은 어디에든 가까이 계신다는 걸 명심해야 한다. 처처(處處)에 부처님이 상주(常住)하고 계신다는 걸 알아야 한다. 마음의 눈으로 보면 부처님이 다 보인다.

태양은 늘 우리 곁을 돌고 있다. 그런데 그림자를 바꾸어놓는 것은 누구일까. 바로 나 자신이다. 나에게 찾아온 병도, 마음의 근심도 바꿀 수 있는 사람은 오직 자기 자신뿐이다. "지성이면 감천"이라는 말이 있듯이 열심히 기도하다 보면 점점 행복이 다가온다는 것을 느낄 수 있을 것이다.

금정산 다람쥐

금정산 아래 움막 법당에서 혼자 수행할 때였다. 심심하다 싶으면 예쁜 다람쥐들이 자주 놀러온다. 그놈들은 경계심이 어찌나 대단한지 도무지 가까이 오지 않다가 먹이를 던져주면 잽싸게 입에 물고 달아난다. 아무리 친해지려고 해도 오지 않아서 어떤 땐 괜히 미워지기도 한다.

외로움은 외로움을 불러오기 마련이지만 수행자가 어디 그런가. 산중에서 홀로 수행하다 보면 바람과 꽃과 물소리 그리고 산짐승들도 모두 친구가 된다. 세상의 모든 시름들을 다 벗고 나면 돌과 나무와 같은 무정(無情)이나 새와 다람쥐, 토끼 심지어 벌레 같은 유정(有情)들도 다 부처님이라는 걸 알게 된다. 그리고 보면 이 세상 부처 아닌 게 하나도 없다.

나는 예쁜 다람쥐와 놀고 싶어서 꾀를 자주 썼다. 하루는 땅콩을 내가 서 있는 자리에서 3m 앞에서 놓아두었는데 다람쥐는 살금살금 다가와서 가져갔다. 다음번에 2m, 1m, 50cm까지 가까이 두었는데 그때마다 다람쥐는 땅콩을 가지러 왔다. 그러다가 보니 어느새 다람쥐와 나는 친해졌다. 나의 최종 목표는 다람쥐가 내 손바닥 위에서 땅콩을 먹는 것이었는데 끝내 오지 않았다. 나로선 안타까웠다. 아마 내 욕심이 과했던가 보다.

어느 날부터인지 도심 밖에서 볼 일을 보거나 산책하다가 돌아오면 공양간이 난장판이 되어 있었다. 쌀부대가 온통 찢겨져서 여기저기 낱알이 떨어져 있고 법당에 놓아둔 과일들도 쥐가 파먹은 듯했다. 혼자 온 게 아니라 다람쥐가 친구들까지 모두 데리고 와서 법당 곳곳마다 엎질러놓은 것이다. 날이 갈수록 다람쥐들의 횡포는 더 심해졌다.

공양주 보살이 보다 못해서 쥐를 잡는 끈끈이를 사가지고 와서 덫을 놓았다. 죽일 생각은 없었고 그저 겁을 주어서 쫓아낼 심사였는데 다음 날 보니까 다람쥐 한 마리가 끈끈이에 붙어서 요동치고 있었다. 측은해서 떼어주려고 했지만 심하게 요동치는 바람에 그만 끈끈이가 온몸에 달라붙어 버렸다. 겨우 떼어주었는데 털이 다 빠지고 비틀비틀하면서 걷지 못했다. 미안한 마음이 들었다.

"다람쥐야, 미안하구나. 스님이 정말 미안하구나. 스님이 정말 잘못했구나."

다람쥐에게 빌었다. 다람쥐는 한 며칠 그 상태로 꼼짝도 하지 못했다. 먹이를 주면서 정성스럽게 보살폈는데 그제야 기력을 조금 회복하는 것 같았다. 부처님께 감사한 마음마저 들었다. 다람쥐가 회복되고 난 뒤 친구들은 보이지 않고 그놈만 쪼르르 내 앞에 나타났다. 찾아준 그놈이 참 고마웠다.

하루는 땅콩을 손바닥에 올려놓았더니 그놈이 쪼르르 달려와서 손바닥에 올라와 먹기 시작했다. 그때부터 나는 다람쥐와 친구가 되었다. 귀찮아서 두었던 끈끈이가 다람쥐의 목숨을 빼앗아갈 수도 있었다. 다람쥐는 그것은 생각하지도 않고 내가 자기를 살려준 은인이라고 생각했던 것 같다.

이렇듯 한갓 짐승도 자신을 살려준 은인을 기억하는데 이 세상은 어떤가. 우리는 사람을 믿지 못하는 세상에 살고 있는 것은 아닐까. 점점 이 세상이 각박해지고 정이 사라져가고 있어서 안타깝다. 서로가 서로의 마음을 이해해주는 세상이 그리워진다.

기도는 사람을 변화시킨다

한 여인이 새벽 법당에서 눈물을 흘리면서 기도하고 있었다.
나는 그 모습을 보면서 도대체 어떤 사연이 있기에 저토록 부처
님께 간절하게 기도를 드리고 있는지 궁금해졌다.

그녀에게 사연을 물었다.

"남편은 평소에는 심성이 고운 사람인데 술만 먹으면 주벽이
심하고 의처증이 심해서 폭력을 행사합니다. 어떻게 하면 좋을
까요?"

사정이 딱해 보였다. 전날에도 남편으로부터 심하게 폭행당해
온몸이 시퍼렇게 멍들었다고 한다. 그것을 본 이웃의 신고로 남
편은 파출소에 잡혀갔다가 그녀가 사정하는 바람에 겨우 처벌을
면했다. 요즘은 가정 폭력이 친고죄가 아니어서 그대로 두었다

가는 처벌을 받을 수밖에 없다. 그렇게 되면 직장에서도 잘리게 되니 걱정이 이만저만이 아니었다.

더구나 집안의 가장이어서 어린 자식들이 상처를 받을까 봐 어쩔 수 없이 그녀가 경찰관에게 사정을 했고 남편은 다시는 가정폭력을 저지르지 않겠다고 싹싹 용서를 빌었다. 경찰서로 넘어가면 조서를 꾸며야 하고 결국 처벌을 받게 되기 때문에 파출소에서 미리 해결을 했던 것이다.

그런데 문제는 그런 일이 비일비재하다는 것이다. 평소에는 아내에게 다정하고 아이들에겐 자상한 아빠인데 술만 마시면 전혀 다른 사람으로 돌변했다. 도무지 그 이유를 알지 못했다. 이대로 있다가는 더 큰일이 생길 것 같아서 오랫동안 고민하다가 마음이라도 편해지고 싶고 부처님께 빌면 남편의 주벽이 조금이라도 고쳐질 것 같아서 절에 기도하러 왔다는 것이다.

나는 그녀의 고민을 듣고서 조언했다.

"앞으로는 절대로 용서해주지 마세요. 용서를 자꾸 해주니 더 심해지는 겁니다. 어쩌면 앞으로 더 큰일이 일어날 수 있습니다. 처벌을 받게 하는 것이 오히려 당신이나 아이들의 미래를 위해서도 좋지 않을까요?"

"공직자라서 처벌을 받게 되면 큰일 납니다."

"공직자라면 더욱 안 되지요. 그런 사람이 어떻게 이 사회를 위해서 일할 수 있겠어요. 당장 혼을 내세요."

말은 그렇게 했지만, 기가 찰 노릇이었다. 그대로 있자니 계속 그녀가 당할 것 같고 신고를 하자니 당장 아이들의 교육과 생계가 막막해지고 이래저래 낭패였다. 하지만 참는 것도 문제였다. 어떻게 하면 남편의 주벽을 고칠 수 있을까를 서로가 고민해서 해결 방법을 찾기로 했다.

남편은 왜 술만 마시면 지속적으로 부인에게 폭력을 행사하는 것일까. 남편도 자신에게 문제가 있음을 알았으나 술만 마시면 자신도 모르게 폭력을 사용했다. 대개 가정 폭력의 원인을 종교적으로 보면 분명히 어떤 관계가 있다. 그래서 나는 그녀에게 남편을 보고 싶으니 절로 데려오라고 했다.

남편의 인상을 보니 법이 없어도 살 만큼 선한 얼굴이었다. 저런 사람이 어떻게 술만 먹으면 전혀 딴사람으로 돌변할 수 있을까. 그런 얼굴의 내면에 폭력이 잠재되어 있다는 게 오히려 이상할 정도로 남편은 온순하게 보였다.

나는 부부에게 옛날부터 전해오는 폭력에 관한 재미있는 이야기 하나를 들려주었다.

한 스님이 탁발하러 갔는데 이상하게도 안주인이 얼굴을 푹 숙이고 시주했다. 스님은 한참 동안 그 여인의 얼굴을 바라보았는데 고운 얼굴에는 여기저기 피멍이 들어 있었다.

"어찌하여 얼굴에 피멍이 들었습니까?"

여인이 머뭇거렸다.

"저의 남편이 주벽이 심해서 술만 마시고 들어오면 몽둥이를 들고 와서는 사정없이 때립니다. 어찌하면 남편의 주벽을 고칠 수 있겠습니까?"

스님은 시주를 받은 것도 있고 여인의 사정을 듣고 안타깝기도 해서 이렇게 말했다.

"제가 시키는 대로 하겠습니까? 지금부터 집 안에 있는 몽둥이로 사용될 것들을 모조리 없애고 갈대를 묶어서 만든 빗자루 하나만 방 안에 두세요."

여인은 당장 연약한 갈대를 묶어서 방 안 한쪽에 두었다. 남편은 술을 먹고 들어온 날, 급히 몽둥이를 찾았지만 보이지 않았다. 그때 갈대를 묶어 만든 빗자루가 눈에 보여 그것으로 사정없이 아내를 때리기 시작했다. 아내는 그때마다 아프다고 소리를 질렀지만 사실은 조금도 아프지 않았다.

다음 날이었다. 아내는 평소와는 달리 남편 앞에서 싱글벙글 웃었다. 남편은 자신이 지난밤 술에 취해서 아내에게 폭력을 사용한 것을 알고서 미안해하고 있었는데 뜻밖에도 아내의 얼굴과 몸이 멀쩡해서 연유를 물었다.

"여보, 어젯밤엔 내가 심했소. 그런데 얼굴과 몸이 멀쩡하니 어찌 된 일이오?"

여인은 스님과 있었던 일을 남편에게 말해주었다. 그제야 남편은 자신의 주벽이 큰 문제임을 깨닫고 뉘우쳤다. 그 후부터 남편은 술을 삼가고 아내를 진심으로 아꼈다는 이야기이다.

부부지간은 전생에 원수라는 말이 있다. 이 부부는 전생에 아내는 주인이고 남편은 종인 관계였는데 주인이 종인 남편을 전생에 수도 없이 때려서 현생에는 그 반대가 되었던 것이다. 그래서 전생에 지은 죄업으로 인해서 앞으로도 수천 대를 더 맞아야 하는데 갈대로 만든 몽둥이는 그 수가 많아서 단 하루 만에 그 업을 해소했다는 웃지 못할 이야기였다.

나는 부부에게 이 이야기를 하면서 분위기를 재미있게 돋웠다. 어쩌면 이 부부의 일도 전생에 지은 죄업으로 인한 것인지도 모른다는 생각이 들었다.

그녀의 남편은 어릴 때부터 아버지가 어머니를 함부로 대하고 폭력을 행사하는 걸 보고 자랐다고 한다. 말하자면 전형적인 가부장적 집안이었다. 남편은 어릴 때 아버지가 어머니를 때리는 걸 보고 무척이나 증오했는데 자신은 결혼하면 부인을 아끼고 사랑하겠다고 다짐했다고 한다. 그러나 실제로는 그렇게 되지 않았다. 자신의 의식 속에 아버지의 폭력이 잠재되어 있었던 것이다.

나는 남편과 아내를 앞에다 두고서 당부했다.

"제가 보기에는 부친이 지은 죄업을 지금 남편이 받고 있는 것 같습니다. 그 업장을 풀 수 있는 방법은 기도뿐입니다. 부인 혼자서 기도해도 모두 지울 수가 없으니 부부가 함께 매일 아침 부처님께 백팔배를 하시면서 참회를 하는 건 어떨까요?"

그 후부터 부부는 매일 아침 백팔배를 하면서 참회문을 독송했다. 100일이 지나고 1년이 지나고 나니 남편은 술도 적게 먹고 또한 주벽으로 인한 폭력 행위도 멈추었다.

절에 있다가 보면 남편의 폭력과 외도로 인한 심리 상담을 많이 받으러 온다. 요즘 의외로 많은 사람이 가족 문제에 시달리고 있다. 그 원인이 무엇인지 파악해 사회적으로 빠르게 대처할 필요가 있다.

간절하게 기도하면 이루어지지 않는 것은 없다. 날마다 백팔배를 해보라. 건강도 정말 좋아지고 마음도 넉넉해지고 그로인해서 나를 낮추는 하심(下心)이 생긴다.

믿음이 곧 가피를 얻게 한다

한국인과 서양인은 일상에서 처음 사람을 만났을 때 대하는 태도가 많이 다르다. 특히 한국인들은 처음 사람을 만나면 호감을 가지기는커녕 일단 부정적으로 보거나 의심하는 경향이 많다. 한국인들은 물건을 살 때도 가짜가 아닐까, 친구가 호의를 베풀면 그대로 받아들이면 되는데 자기 기준에서 혹시 다른 생각이 있는 것은 아닐까 하며 일단 계산부터 하다가 진짜라고 확신이 서면 나중에는 자신의 속마음까지 다 털어놓는다. 그러다 어느 날 믿는 도끼에 발등이 찍혀 억울한 일이나 낭패를 당하는 일이 간혹 있다.

서양인들은 한국인들과 달리 처음에는 상대를 잘 믿는 경향이 있다. 일단은 상대방이 어떤 거짓말을 하거나 감언이설을 해도 그대로 믿는다. 하지만 조금이라도 진실하지 못하거나 거짓이 드러났을 때는 아예 그 사람을 만나주지도 않는다.

당신은 어떤 경향의 사람인가. 누군가를 대할 땐 먼저 호감을 가지는 것이 매우 중요하다. 그래야만 좋은 인연을 만날 수가 있다. 처음부터 사람에게 경계를 품게 되면 좋은 인연을 맺을 수가 없다. 그 인연이 나와 맞는 사람인가 아닌가를 결정하는 건 나중의 문제이다. 인연을 맺는 것에도 자기만의 합리적인 사고를 가지고 있어야 한다.

나는 사람을 잘 믿고 따른다. 처음 보는 사람조차도 무조건 믿고 본다. 하지만 상대가 나를 속이는 걸 알았을 때는 외국인처럼 과감하게 그를 마음속에서 지워버린다. 이 말은 '사람을 잘 믿지만 잘 속지도 않는다.'는 뜻이다. 그러나 누군가가 나를 속였다고 하더라도 나는 좀처럼 그 사람을 미워하지는 않는다. 그것은 내가 성직자이기 때문이라고 말하는 사람도 있겠지만, 본래 가진 내 마음을 변함없이 유지하기 위해서이기도 하다. 사람이 이 정도의 합리적인 사고를 가지려면 도대체 어떤 심성을 가지고 있어야만 할까. 누구나 지혜를 증득하면 가능하다.

불교는 믿음의 종교이며 지혜의 종교이다. 우리가 불교를 공부하는 가장 근본적인 이유도 바로 여기에 있다. 때문에 불가에 들어온 사람에겐 어떤 경우라도 믿음이 전제되어야만 합리적인 사고를 일으키는 지혜가 증득된다. 즉 믿음이 없는 사람에겐 지혜도 생기지 않는다는 뜻이다.

새도 날고 싶으면 날개를 펴야 한다

《화엄경》에는 '신위도원공덕모(信爲道元功德母)'라는 '선구(禪句)' 가 있다. 즉 '믿음이 도의 근원이며 모든 공덕의 어머니'라는 말 인데 도대체 믿음이 얼마나 중요하기에 모든 공덕의 어머니라고 할까. 믿음이 없는 사람은 좋은 인연을 만들 수도 없고 좋은 일 을 새롭게 시작할 수도 없다. 그에 관한 이야기가 있다.

어떤 목수가 있었다. 누군가가 자신에게 집을 지어주면 돈을 주겠다고 해서 계약했다. 그런데 돈을 주겠다는 믿음이 없으면 어떻게 집을 지을 수 있겠는가. 당연히 지을 수 없다.

종교도 이와 같다. 열심히 기도하면 부처님께서 가피를 주실 까, 안 주실까? 이런 불안한 심리로 기도하면 모든 것이 다 허사 가 된다는 뜻이다. 이처럼 믿음은 성공의 지름길이고 종교에 있 어서는 아주 중요한 근본이 된다. 부처님의 가르침을 믿고 따르 지 않는데 아무리 기도한들 무슨 소용이 있겠는가?

절에 오시는 신도들 중엔 이렇게 묻는 분들이 있다.

"스님, 천도재를 지내면 우리 집안이 잘될까요? 수능 기도를 열심히 하면 우리 아이가 좋은 대학에 들어갈 수 있을까요? 부처 님께 공양을 올리면 집안이 가피를 얻을 수 있을까요?"

이런 이야기를 들으면 한마디로 턱 하고 숨이 막힌다.

"아니, 기도하는 이유가 뭐지요? 뭔가를 부처님께 얻기 위해서 기도하지요. 그런데 믿음이 없는 기도를 왜 하세요? 간절하게 기도해도 될까 말까 한데 의심부터 하는 그런 기도는 안 하는 것만 못합니다. 그냥 기도하지 마세요."

사람을 신뢰하는 것이나 기도하는 것이나 매한가지이다. 기도라는 것도 부처님께 하는 게 아니라 나에게 기도를 하는 것이요, 절을 하는 것도 나에게 하는 것이다. 기도는 스스로의 믿음이 바탕이 되어야만 그 공덕도 크고 가피도 온다.

세상을 살아갈 때 가장 중요한 건 남에게 신뢰를 주는 것이다. 오늘 당장 내가 손해 본다고 해서 굳게 맺은 신의를 저버린다면 그것만큼 더 어리석은 일이 없듯이 기도도 마찬가지이다. 믿음이 바탕이 되는 기도를 할 때 틀림없이 부처님이 가피를 주신다는 것을 의심해서는 안 된다. 자신에게 주어진 일에 최선을 다하듯이 기도도 그렇게 해야 한다. 부처님의 가피는 눈에 보이지 않지만 틀림없이 당신에게 크나큰 복을 주실 것이다.

산도 정상에 올라갈수록 경사가 심하고 힘들다. 세상을 살다 보면 정말 힘들 때가 셀 수 없이 많다. 건강, 사랑, 재산, 자식, 관계……, 이 모든 것들이 다 힘들다. 그렇지만 포기하지 말고 이게 나의 마지막 고비라고 생각하고 '이것을 뛰어넘으면 아주 평탄한 길, 아주 좋은 길이 있을 거야. 여기서 못 참으면 난 안 돼.' 하고 마음먹으라. 숨이 깔딱깔딱하더라도 잘 넘기는 지혜가 필요하다. 이것이 기도의 힘이고 바른 지혜를 증득하는 힘이 된다. 이를 신도들이 철저히 믿었으면 좋겠다.

새도 날고 싶으면 날개를 펴야 한다

불교란 무엇인가?

가끔, 나는 불자들에게 '불교란 무엇인가?' 하는 질문을 받는다. 그럴 때면 아이러니하게도 나 자신도 그런 물음에 온전히 대답하지 못할 때가 많다. 시간과 공간을 초월한 영원한 생명을 찾아내자는 것이 불교이며 또한 무상(無常)의 물결에 휩쓸리지 않고 엄연히 내가 누구인가를 스스로 체득하는 게 불교라는 데에는 이견(異見)이 없다.

불자들은 가끔 책이나 절에서 〈십우도(十牛圖)〉를 볼 때가 있을 것이다. 〈십우도〉는 불교의 깊은 수행적 의미를 담고 있는 그림인데 본래 도교의 〈팔우도(八牛圖)〉에서 유래된 것으로서 12세기 중엽 중국 송나라 때 곽암 선사(廓庵禪師)가 두 장면을 더 추가하여 〈십우도〉를 그렸다.

〈십우도〉는 마음의 본성을 찾아 수행하는 단계를 어린 동자가 소[마음]를 찾는 것에 비유해 열 가지 그림으로 갖가지를 묘사한 것이다.

'십우(十牛)'는 동자가 소를 찾고 있는 장면인데 자신의 본성을 잊고 찾아 헤매는 것은 불도 수행의 입문을 가리킨다.

'견적(見跡)'은 동자가 소의 발자국을 발견하고 따라가는 그림이다. 수행자가 꾸준히 공부하다 보면 부처 본성의 발자취를 느끼기 시작한다는 뜻이 담겨 있다.

'견우(見牛)'는 동자가 소의 뒷모습이나 소의 꼬리를 발견하는 그림인데 수행자가 사물의 근원을 보기 시작하여 견성(見性)에 가까워졌음을 뜻한다.

'득우(得牛)'는 동자가 드디어 소의 꼬리를 잡아 막 고삐를 건 모습이다. 수행자가 자신의 마음에 있는 불성(佛性)을 꿰뚫어보는 견성의 단계에 이르러 본성을 찾았지만 아직 번뇌가 완전히 없어지지 않았으므로 더욱 열심히 수련해야 함을 비유한 것이다.

'목우(牧牛)'는 동자가 소에 코뚜레를 뚫어 길들이면서 끌고 가는 그림으로 자신이 증득한 본성을 고행과 수행으로 길들여서 탐진치 삼독의 때를 지우는 단계로 소도 점점 흰색으로 변화한다. 깨달음 뒤에 오는 방심을 조심해야 함을 비유한 것이다.

'기우귀가(騎牛歸家)'는 흰 소에 올라탄 동자가 피리를 불며 집으로 돌아오고 있는 그림이다. 더 이상 아무런 장애가 없는 자유로

새도 날고 싶으면 날개를 펴야 한다

운 무애의 단계로서 더할 나위 없이 즐거운 때를 가리키는데 드디어 망상에서 벗어나 본성에 들었음을 비유한 그림이다.

'망우존인(忘牛存人)'은 소는 없고 동자만 있다. 여기에서 소는 단지 방편일 뿐 고향에 돌아온 후에는 모두 잊어야 함을 뜻한다. '본각무위(本覺無爲)'로 돌아왔으나 쉬지 않고 수련해야 함을 비유한 것이다.

'인우구망(人牛俱忘)'은 소도 사람도 실체가 없는 모두 공(空)임을 깨닫는다는 뜻으로 텅 빈 원(圓) 상만 그려져 있다. 정(情)을 잊고 세상의 물(物)을 버려 공(空)에 이르렀음을 비유한 그림이다.

'반본환원(返本還源)'에는 잔잔히 강이 흐르고 꽃은 붉게 피어 있는 산수 풍경만이 그려져 있다. '있는 그대로의 세계'를 깨닫는다는 것으로 우주를 아무런 번뇌 없이 참된 경지로서 바라봄을 뜻한다. 본심은 본래 청정하여 아무 번뇌가 없어 산은 산대로 물은 물대로 보게 되고 있는 그대로를 볼 수 있는 참된 지혜를 얻었음을 비유한 것이다.

'입전수수(入廛垂手)'는 지팡이에 도포를 두른 행각승으로 많이 그려져 있다. 중생이 육도인 삼선도와 삼악도의 시장 골목에 들어가 손을 드리운다는 뜻으로 중생제도를 위해 속세로 나아감을 말하는데 '이타행(利他行)'을 내포하고 있다.

불자는 〈십우도〉가 가진 열 가지의 깊은 의미만 알고 있어도 불교란 무엇인지 단번에 알 수가 있다. 지금도 나는 〈십우도〉의 목동이 되어 깨달음의 진리를 구하는 사미가 되기도 한다. 요즘, 나는 어릴 적 목동의 마음으로 돌아가서 절에서 물을 긷고 마당을 쓸고 불자들을 맞는다. 그러다 보니 고희가 가까워오는 나이에도 마치 열여덟 살의 청년으로 되돌아간 듯한 느낌이다. 이렇듯 젊음이란 마음먹기에 달린 것 같다.

불교는 마음을 다스리는 종교다. 인간이 하는 모든 생각들은 '마음의 지배'를 통해 이루어지지만 자신이 원하는 지위와 경제적인 부(富) 등은 하나같이 원하지 않는 방향으로 전개되어가는 경우가 많다. 이처럼 세상일은 마음먹은 대로 되지 않는다. 과연 왜 그럴까? 한 번쯤 돌이켜보라.

'마음먹은 대로 모든 일이 되어간다.'는 것은 자신의 모든 것을 거기에 내걸고 진정으로 이를 이루기 위해 노력했기 때문이다. 물론 노력했다고 해서 다 되지 않는 것도 있다. 여기에는 반드시 우리가 알지 못하는 '인과법'이 따른다. 자신이 아무리 노력해도 일이 제대로 되지 않았을 때는 자신에게 과거 생으로부터 어떤 업이 있다는 것을 알아야 한다. 인과란 인연의 결과로서 지은 업 대로 가는 것을 말한다. 불교에서는 이를 매우 중시하고 있는데 '선인선과 악인악과(善因善果 惡因惡果)'의 인과법이다.

인연법은 무서우리만치 정확하며 우리가 믿고 따라야만 하는 삶의 법칙이다. 이를 무시해서는 결코 성공할 수가 없다. 자신이 믿고 알아 실천하는 경우에만 원하는 일이 마음먹은 대로 이루어질 수가 있다. 왜냐하면 과거 자신이 한 행위의 정도에 따라 그에 상응하는 결과가 반드시 나타나기 때문이다. 세속 사람들은 자신의 분수 밖의 것만을 구하고 탐하기 때문에 수없이 많은 업을 짓고 살아간다.

모든 중생들을 사랑하시는 석가모니 부처님조차 마음대로 안 되는 세 가지의 업이 있다. 불가에서는 이를 '삼불능(三不能)'이라 한다.

첫째, 부처님도 인연 없는 중생은 제도할 수 없다.

둘째, 정해진 업은 면해주기 어렵다.

셋째, 부처님도 중생의 정해진 업을 면해주기 어려울 뿐만 아니라, 자신이 지은 업조차 스스로 받아야 된다는 점이다.

그래서 부처님은 "정업은 난면(定業難免)"이라고 말씀하셨던 것이다. 사람이 자신이 지은 업을 받지 않으려면 열심히 수행하고 자신의 업을 녹일 수 있어야만 한다. 부처님이라 할지라도 법계의 일체 중생을 다 구제할 수는 없다. 그러므로 불교는 마음을 다스리는 종교이며 철저한 인과법의 종교이다. 모든 사람들이 〈십우도〉에서 보는 것처럼 나를 찾아서 떠나는 불자가 되고 또한 인과법을 중히 여기는 불자가 되었으면 좋겠다.

영원한 보살도로 살아가는 법

출가한 지도 많은 세월이 흘렀다. 오늘따라 한껏 물먹은 꽃나무들이 바람에 가냘픈 몸을 흔들고 무명사 회룡선원의 산문(山門)이 아득하게 보인다. 문득 부처님이 출가를 하시고 참선에 들었을 때 읊으신 게송과 고행상(苦行相)이 떠오른다.

"뼈가 살가죽에 붙을 정도로 수행하다 보니 어느새 6년이란 긴 세월이 흘러갔다."

부처님은 오직 수행에만 몰두하다 보니 뼈를 깎는 배고픔의 고통을 잊고 있다. 아니 알면서도 담대히 견뎌냈을 것이다. 우리 수행자들이 부처님과 같은 고통을 겪었다면 이미 중도에 포기했을지도 모른다.

한 생에서 영원을 갈구하는 일은 그래서 길고도 멀다.

새도 날고 싶으면 날개를 펴야 한다

옛날 속담에 "세상만사 마음먹기에 달려있다."는 말이 있다. 《화엄경》에서는 이를 '일체유심조(一切唯心造)'라고 하는데 "모든 것은 마음이 지어내고 마음으로 통한다."는 뜻이다. 대표적인 것이 원효 대사의 '해골 바가지에 담긴 물'이다. 모르고 마시면 감로수요, 알고 마시면 썩은 물이다.

세계를 창조하는 주체는 마음이다. 사람은 마음을 먹으면 무엇이든지 이루어낼 수 있는 힘을 가지고 있다. 그러나 마음을 잘못 쓰면 성불은커녕 한순간에 나락으로 떨어진다.

사랑과 증오도 우리가 가진 마음이 만들어낸 것이다. 부처님도 이 마음을 찾기 위해 죽음을 불사하는 고행을 하셨다. 처음에는 나 역시 그런 마음으로 출가하여 지금까지 걸어왔다. 그런데 지금 나의 마음은 어떤가. 부처님과 같은 마음을 지니고 참된 수행자의 길을 가고 있는가. 가끔 나에게 반문한다.

세상에는 영원한 것도 없고 고정된 실체도 없다. 태어난 것은 반드시 죽고, 만나면 반드시 헤어지는 게 삶이다. 자신이 지은 업에 따라 육도(六度)를 헤매는 것이 중생의 고통이며 이것이 우리가 살고 있는 사바세계의 실제 모습이다.

부처님께서 출가하시고 성불을 하신 근본적인 이유도 인간이 반드시 겪어야 할 생로병사를 끊고 영원한 부처의 길로 가기 위해서였다. 그처럼 우리도 끝없는 수행 정진을 통해서 성불하여 육도윤회의 고통에서 벗어나야 한다. 그렇지 않고 자신이 가지고 있는 중생심을 보물처럼 여기고 번뇌의 마음이 바라는 대로 살다 보면 결국 윤회의 과보를 받고 떠돌 수밖에 없다.

일찍이 부처님께서는 "나고 죽는 경계를 여의기만 해도 영원한 즐거움을 얻을 수 있다."고 하셨다. 열반이란 노여움의 불길, 탐욕의 불길, 어리석음의 불길을 모두 꺼서 하나의 불씨도 남지 않은 상태, 고요하고 평온한 세계를 뜻한다. 이러한 무상고(無常苦)를 여의고 열반락을 얻기 위해서는 최상승의 수행이 무엇보다 중요하다고 하셨다. 이 같은 수행을 출가자가 아닌 재가자가 행하는 건 극히 힘들다. 불자들은 보살도(菩薩道)만 실천하는 것도 영원한 행복으로 가는 좋은 방편이다.

그럼, 어떻게 하면 보살도를 이룰 수 있을까? 나도 위하고 남도 위하는 자리이타의 육바라밀을 실천하면 된다. 대가를 바라지 않는 마음으로 중생들에게 베풂을 주는 보시바라밀, 불자로서의 바른 몸과 마음가짐을 갖는 지계바라밀, 자신에게 주어지는 역경과 고통을 참아내고 수행에서 오는 모든 장애를 이겨내는 인욕바라밀, 항상 마음을 고요하게 하여 평온한 상태를 유지하는 선정바라밀, 부처님의 말씀과 방편에 따라 수행하고 노력하는 정진바라밀, 이러한 모든 덕목들을 실천하여 얻어지는 지혜바라밀을 증득하면 된다.

하지만 육바라밀을 모두 증득했다고 해도 성불을 이루기까지는 아직 이르다. 성불하기 위해서는 네 가지 바라밀을 더 증득하여 십(十)바라밀을 모두 갖추어야만 한다.

그 일곱 번째가 '방편바라밀'이다. 부처님께서는 45년간 중생을 교화하셨지만 가실 적에도 "한 말씀도 하지 않았고, 한 중생도 구제한 바가 없다."고 하셨다. 또한 8만 4천 법문 모두가 중생의 근기에 따라 설해진 것이며 병자에 따라 '응병시약(應病施藥)'하는 의사처럼 중생의 고통을 해결해주었을 뿐이다. 거기에는 어떤 상(相)도 가질 수 없는 방편만이 있다. 이것도 참다운 지혜가 바탕이 되어야만 가능하다.

여덟 번째는 원(願)바라밀이다. 사홍서원의 총원(總願)을 숙지한 뒤 법장비구 48원(願), 약사여래 12대원 등 불보살님들의 대표적인 별원을 모두 증득해야 한다. 특히 중생의 업보로 태어난 업생(業生)들은 보살이 되기 위한 원생(願生)을 발원해야 한다.

아홉 번째가 역(力)바라밀인데 힘이나 능력을 말한다. 불보살님의 위신력뿐 아니라 지식, 재물, 마음의 평정심을 가지는 것도 능력이다. 힘과 능력이 있어야 이웃과 중생들에게 베풀 수가 있다. 하지만 외면적 능력이 부족하다고 해도 남에게 봉사하고자 하는 마음을 지니고 있다면 훌륭한 능력자가 될 수 있다.

마지막 열 번째는 지(智)바라밀이다. 지혜바라밀과 뜻은 같지만 지(智)는 하늘을 덮은 구름에서 비가 내리면 어느 곳 가리지 않고 온 산하대지를 촉촉이 적시듯이 모든 중생들에게 고루고루

머무는 바 없는 마음으로 법을 행하는 부처님의 법륜 같은 지혜의 단비를 말한다. 즉 만(萬) 중생을 피안의 세계로 나아가게 하는 법운지(法雲地)와 같은 것을 뜻한다.

이것이 바로 부처가 될 수 있는 십바라밀이다. 십바라밀의 수행은 모두 '나다 내 것이다.'라는 생각을 뛰어넘어 가족과 이웃을 부처님처럼 생각하고 정성을 다하는 데서 시작된다.

일찍이 부처님께서도 "무너진 탑에는 흙을 바를 수 없다"고 하셨다. 흙을 발라 장식하고 꾸미려면 우선 탑이 견고하게 서 있어야 하듯 무너진 탑에 온갖 흙을 발라보아야 소용이 없다. 무슨 일이든 처음부터 올바른 길로 들어서서 노력해야만 그 결과도 올바르게 된다. 우리 불자들은 성불의 길로 가는 이 십바라밀을 열심히 닦아야만 한다.

말과 생각이 끊어진 곳이 부처 자리이다

多言多慮(다언다려)

轉不相應(전불상응)

絕言絕慮(절언절려)

無處不通(무처불통)

말이 많고 생각이 많으면

도리어 상응(相應)치 못하고

말과 생각이 끊어지면

통하지 않는 곳이 없느니라.

중국의 삼조 승찬 스님의 저서 《신심명》에 나오는 게송이다.

한마디로 딱 요약하면 말과 생각(망상)을 '내려놓으라.'는 가르침으로서 다른 말로 '방하착(放下着)' 하라는 것이다.

이《신심명》의 뜻을 알기 쉽게 하나의 예를 들겠다.

비가 많이 내리는 날 큰스님과 시자가 개울을 건널 때였다. 그곳에는 젊은 아낙네가 물이 불은 개울을 건너지 못해서 쩔쩔매고 있었다. 큰스님은 얼른 아낙네를 등에 업고 개울을 건넜다. 어린 시자는 그것을 보고 깜짝 놀랐다.

수행자의 계율에는 여인을 가까이하지 말라고 했는데 큰스님이 젊디젊은 아낙네를 등에 업고 개울을 건너는 것이 도무지 이해가 되지 않았다.

큰스님은 개울 건너 아낙네를 내려놓고 다시 태연하게 시자와 길을 떠났다. 그런데 시자는 아무리 생각해도 큰스님이 계율을 어긴 것 같아서 마음이 내내 뒤숭숭했다. 시자는 끓어오르는 생각을 끊지 못하고 한참 길을 가다가 큰스님에게 물었다.

"큰스님, 부처님의 계율엔 수행자는 결코 여인을 가까이하지 말라고 하셨는데 어째서 큰스님께서는 여인을 등에 업고 개울을 건넜습니까?"

큰스님이 가만히 듣고 있다가 말을 했다.

"아니, 이놈아. 아까 그 아낙네를 개울을 건넌 뒤에 내려놓은 지 한참 지났는데 너는 아직도 그걸 등에 업고 있느냐?"

새도 날고 싶으면 날개를 펴야 한다

어린 시자는 그 순간 크게 느꼈다.

큰스님은 아낙네에게 음심(淫心)을 가지고 선행한 것이 아니라 개울을 건너지 못한 아낙네를 돕기 위해서 선행을 한 것뿐이다. 그런데 어린 시자는 계율에만 얽매여서 미처 선행을 보지 못했다. 큰스님의 행동은 말과 생각(망념)이 끊어진 자리이고 시자는 말과 생각(망념)이 이어진 중생의 자리에 머물고 있었던 것이다.

어떤 일을 앞에다 두고서 이 생각 저 생각 하다가 보면 오히려 좋지 못한 일이 더 생긴다. 말과 생각을 놓아버리는 그 자리가 바로 '방하착'이고 곧 부처 자리이다.

살생심을 버리고 자비심을 가져라

옛날 만주 왕청 토굴에서 수행하시던 수월 스님이 계셨다. 스님은 보살행을 실천하기 위해 틈만 나면 나그네들에게 나누어줄 짚신을 만들었다. 사람들은 소문을 듣고 찾아가서 짚신을 얻곤 했는데 그들 중에는 농부, 독립군, 산적 등도 있었다. 스님은 신분을 가리지 않고 짚신이 떨어진 사람들에게 그냥 나눠주었다.

당시 마을에는 만주라는 사나운 개가 있었는데 낯선 사람만 보이면 달려들었다. 그런데 이상하게도 수월 스님만 보면 꼬리를 흔들고 좋아했다고 한다. 심지어 수행하는 토굴에는 까치, 꿩, 노루, 토끼 같은 산짐승과 날짐승이 모여들어서 스님과 함께 놀았다.

한번은 어떤 수좌가 수월 스님을 만났다. 주위에 있던 산짐승

새도 날고 싶으면 날개를 펴야 한다

들과 새들이 수좌를 보자마자 놀라서 달아났다.

그걸 본 수좌가 의아해서 스님에게 이렇게 물었다.

"스님 토굴 주위에서는 새와 꿩, 까치, 토끼, 노루 등 산짐승들이 많이 보이는데 스님이 계실 때는 잘 놀더니 어째서 짐승들이 저만 보면 도망갑니까?"

수월 스님은 젊은 수좌를 바라보면서 말했다.

"사람에겐 살생심과 자비심이 있다네. 누군가를 해하려는 마음은 살생심이고 누군가를 돕고 보살피려는 마음은 자비심이지. 짐승들이 자네를 보고 도망가는 것은 수행심이 부족하고 아직 살생심이 몸속에 남아 있기 때문이야."

수좌는 골똘히 생각하다가 다시 물었다.

"큰스님, 어찌하면 제 몸속에 든 살생심을 없앨 수 있겠습니까?"

"수행과 보살행을 실천해서 몸속에 자비심을 기르게나. 자비심이 증대되면 자연스럽게 나쁜 살생심은 사라지기 마련이지."

수좌는 수월 스님의 가르침을 받고서 누가 자신을 두고 욕을 해도 그저 미소로 응답을 했다고 한다. 이 수좌가 바로 자비와 인욕을 평생 실천한 청담 스님이다.

나는 수월 스님과 청담 스님의 일화를 읽고 평생 동안 마음속에 살생심을 버리고 자비심을 증득하려고 수행했다. 자비심을 증득하기 위해선 참선을 통해서 마음공부를 하는 것이 무상도(無常道)라는 생각이 들었다.

내가 열심히 기도하는 것도 몸속에 든 살생심을 지우기 위해서이다. 새벽 세 시에 드리는 새벽 예불과 저녁 다섯 시에 드리는 저녁 예불을 출가 후 지금까지 단 한 번도 거르지 않았던 것도 다이 때문이다. 심지어 출타를 했을 때도 현지에서 빠짐없이 예불하려고 애를 썼다. 어쩔 수 없을 때는 앉은자리에서 지그시 눈을 감고 묵상(黙想)을 실천했다.

나는 움막 법당을 짓고 1년 동안 "위로는 보리를 구하고 아래로는 중생을 제도한다."는 '상구보리 하화중생(上求菩提 下化衆生)'과 '성불제중(成佛濟衆)'의 마음으로 열심히 정진했다. 그러자 놀라운 일이 일어났다.

한번은 움막 법당 근처에 다람쥐가 놀러왔다. 생전에 한 번도 가까이 오지 않다가 손바닥에 땅콩을 얹자 놀랍게도 폴짝 먹이를 물고는 어느새 달아나곤 했다. 토끼도, 노루도 놀러왔고 산새들도 놀러와서 적적한 나와 동고동락을 하기 시작했던 것이다. 이것이 바로 수월 스님이 말씀하신 자비심의 발로가 아닐까.

금정산 입구에서 움막 법당으로 올라가는 길목에는 주인 없는 사나운 개가 있었다. 주변에는 가끔 물어뜯은 짐승의 사체들이 눈에 보였다. 그 개는 심지어 등산객들을 향해 사납게 짖거나 물기까지 했다. 나는 이야기를 전해 듣고 몇몇 신도들과 함께 개를 쫓아냈다. 사람들이 피해를 입을지 모르는 일이어서 그대로 둘 수가 없었던 것이다.

소방대원들이 개를 잡기 위해 총출동을 했지만 번번이 실패했다. 나는 개를 잡기 위해 가까이 가서 먹이를 던졌는데 그렇게 짖어대고 사납던 개가 나를 보자 갑자기 꼬리를 내리고 낑낑대었다.

"이놈아, 그래 얼마나 배가 고팠으면 그랬냐."

희한하게도 개는 얌전히 무릎을 꿇었다. 나는 그 순간 목줄을 개의 목에 감았다. 곁에 있었던 신도들과 119 소방대원들도 이 광경을 목격하고서 무척이나 놀랐다. 그렇게 미쳐 날뛰던 개가 스님을 보자 갑자기 온순해졌던 것이다.

언젠가 수월 스님과 만주 개의 일화를 읽은 적이 있었는데 내 몸속에도 그 어떠한 살생심이 없었던 덕분이지 않을까.

한번은 불교TV 사업국장과 함께 제주도에 간 적이 있는데 길에서 만난 개들도 매우 사나웠다. 그런데 개들이 나를 보자 갑자기 꼬리를 내리고 낑낑댔다. 사업국장은 이 광경을 보고 참 놀라웠다고 한다. 물론 이런 이야기를 하는 건 내가 도가 높은 스님이라는 걸 자랑하기 위해서가 아니다.

수월 스님의 말씀대로 몸속에 살생심과 성냄을 없애고 부처님 같은 자비심을 가지고 사람을 대하거나 짐승을 대하면 그들도 동화된다는 뜻이다. 자비심에는 성냄이나 다툼을 정지시키는 힘이 있다는 걸 알려주기 위해서이다. 세상을 움직이는 것은 자비심이다. 성불제중의 마음으로 우리들이 모두 '자각각타(自覺覺他)'한다면 평화롭고 아름다운 세상이 될 것이다.

현대인들은 누구나 정신병을 앓고 있다

요즘 사람들은 자신도 모르게 정신병을 앓고 있다. 가족들 중에서도 앓고 있는 사람이 더러 있을 것이다. 과학이 발달하고 삶이 넉넉해짐에도 불구하고 사람들이 정신병을 앓고 있는 근본적인 이유는 무엇일까?

과거에는 선천성 질환이 많았지만 요즘은 인격의 변질을 통해서 일어나는 정신병이 더 많이 생긴다고 한다. 의학계에서는 이런 병은 일반적으로 정신질환으로 보지 않고 선천적인 정신이상 증세만을 정신병으로 보고 있다고 한다.

후천적 정신병의 원인은 여러 가지가 있겠지만 내적 요인과 외적 요인, 심적 요인으로 나뉜다고 한다. 내적 요인은 주로 선천적으로 뇌에 가해진 신체적 원인으로 인해 발생하고 외적 요인은 후천적으로 뇌에 가해진 신체적 원인으로 생긴다고 한다. 특히 심적 요인으로 인해 환경 변화에 의한 조현병이 많이 발생하는데 가족과 사회로부터 받은 정신적 충격에 의한 것이 더 많다고 한다.

절에 있다가 보면, 가끔 정신질환을 앓는 환자들이 찾아온다. 대부분 정신병원에서 갖은 치료를 행했지만 결국 고치지 못해서 종교적인 힘을 빌리기 위해서 찾아오는 이들이다. 말하자면 정신병도 결국은 마음의 문제에서 기인하는 것이기 때문에 열심히 기도하면 고칠 수 있지 않을까 하는 일종의 기대감을 갖고 온 것이다.

몇 년 전이다. 절에 젊은 아가씨와 부모가 찾아왔다. 그날 나는 종무실에 들렀다가 이상한 광경을 목격했다. 서른 남짓한 젊은 여자가 종무실에 들어와서는 집기들을 마구 던지는 등 난리를 피우고 있었다. 유리창이 깨지고 종무실 바닥은 피범벅이 되었다. 그곳엔 부모와 남동생도 함께 있었는데 그녀는 가족들에게 이렇게 말했다.

"아니, 이것들이 나를 정신병자 취급을 해. 나 안 미쳤어. 왜 나를 끌고 절에 와. 모두 무릎 꿇고 잘못했다고 빌어. 날 왜 미쳤다고 절에 데리고 오는 거야. 나 안 미쳤어."

젊은 여자의 눈에는 핏기가 서려 있고 금방이라도 큰 사고를

칠 것 같은 모습으로 난리를 피우고 있었다. 심지어 종무소 직원들에게 "무릎 꿇어."라고 명령하기도 했는데 그야말로 난장판이었다. 가족들은 물론 직원들도 안절부절못했다.

나는 가족과 직원들에게 모두 나가 있으라고 했다. 그리고 그 여자를 똑바로 쳐다보면서 "나무아미타불" 하고 합장했다. 그 순간 진정이 되었는지 나를 보고 미소를 지으면서 말했다.

"스님, 안녕하세요?"

일순, 여자는 평상시의 모습으로 되돌아왔다.

"그래요. 속이 좀 풀렸어요? 이리 앉아보세요."

의자를 내어주고 앉으라고 했다. 광란의 모습은 어디 갔는지 모를 정도로 평온해졌다.

"무슨 일이 있으세요?"

그제야 여자는 어리둥절한 표정을 짓다가 갑자기 울음을 터뜨렸다.

"스님, 가족들이 나를 정신병자로 취급해요. 그래서 날 절로 끌고 온 거예요. 스님 보시기에 제가 정신병자로 보입니까? 날 정신병원에 넣고 안 되니까 절로 끌고 다니지 뭡니까? 저것들이 나를 정신병자로 취급합니다."

말을 하고 있는 와중에도 정신이 오락가락했다. 어머니를 '저년'이라고 했다가 아버지를 '저놈'이라고 하기도 했다. 이런 행동을 하고 있음에도 자신의 행동이 나쁘다는 걸 전혀 모르고 있다는 데에 더 심각한 문제가 있었다. 심지어 정신 나갔을 땐 동생은 물론 부모조차 알아보지 못했다.

"그래요. 그럼, 오늘은 어떻게 절에 오셨나요?"

"아, 저것들이 나를 정신병자 취급해서 오늘은 제가 스님이 있는 절로 데리고 와서 참회시키려고 왔어요."

가족들이 그녀의 정신병을 고치기 위해 상담하러 데리고 왔는데 오히려 자신이 가족들을 데려왔다고 말했다. 나는 차분하게 그녀의 마음을 헤아려주는 것이 좋겠다는 생각을 먼저 했다.

"허허, 그랬어? 가족들이 잘못했네. 그래 요즘 어디가 그리 아파요?"

"가족들이 나를 미친 사람으로 취급하는데 난 정신병자가 아녜요. 내가 보기에 오히려 저것들이 돌았어요."

"맞아요. 돌지 않았어요. 그런데 어디가 그리 아파요?"

여자의 눈을 차분하게 들여다보았다. 눈가에는 눈물이 가득했다. 뭔가 알 수 없는 기운이 서려 있었다.

"큰스님, 가슴이 아파요. 밤이 되면 뭔가가 가슴을 탁탁 때립니다."

"그래요. 그 가슴 내가 한번 만져봐도 될까?"

나는 한 손은 가슴에 얹고 한 손은 등에 대었다. 그 순간 여자는 너무 아프다고 팔딱팔딱 뛰었다. 이상한 일이었다. 손을 뗐더니 통증이 일순간 사라졌다고 했다. 그런 뒤 다시 가슴과 등에 손을 대었더니 또 아프다면서 괴성을 질렀다.

"내가 이렇게 손을 대면 아픈가. 오늘 계속 난리 치면 이 손 영원히 가슴에서 안 뗀다. 그러니 조용히 앉아 있어요."

"큰스님 안 그럴 테니까 손 놓아주세요."

그 여자의 마음이 한결 평온해졌다.

다음 날 그녀의 친정어머니에게서 전화가 왔다.

"스님, 제 딸을 제발 살려주세요. 착한 아이인데 정신병원에서 치료도 받아보고 어디든지 가보았지만 이젠 갈 곳도 없습니다. 정말 안 해본 짓이 없습니다."

그녀에게는 남편이 있었는데 잠을 자다가 일어나서 갑자기 남편의 목을 조르기도 했다. 그러다 보니 어린 자녀들까지도 충격을 받아서 정신병원에 다니고 있다고 했다. 심각한 정신이상 증세 때문에 가족은 물론, 친정과 시댁도 온갖 고통을 당하고 있었던 것이다. 정말 안타까운 일이었다.

어느 집이건 조현병 환자가 있으면 정말 심각하다.

나는 친정어머니의 전화를 받고서 우선 환자를 일요 법회 때마다 데려오라고 했다. 혼자 집 안에 두면 병이 더 심해지니 친구들도 사귀고 기도도 하면서 마음 수양을 하면 좀 나아질 것이라고 했다.

법회가 있는 날, 여자와 가족들이 절에 왔다. 나는 환자를 법당 앞으로 불러서 눈을 감고 무릎을 꿇게 하고서 죽비를 들었다.

"보살은 며칠 전 부모님에게 욕설을 하고 절에 와서 집기를 던지고 했지요?"

"네."

"그게 잘한 일입니까? 나쁜 일입니까?"

"나쁜 일입니다."

"그럼, 부처님 앞에서 죽비로 맞아야겠지요."

"네, 벌을 달게 받겠습니다."

나는 죽비로 어깨를 세게 내려쳤다. 그녀는 하염없이 눈물을 쏟아내었다. 참회의 눈물이었다. 무언가 알 수 없는 소회가 흘러나오는지 계속 흐느껴 울었다. 그럴수록 죽비로 어깨를 강하게 내려쳤다.

"지금 너의 몸속에는 나쁜 기운이 가득하고 마귀가 들어 있느니라. 오늘부터 부처님께 참회하고 열심히 기도하면 네가 앓고 있는 병들도 다 도망갈 것이니라."

"네. 큰스님."

법회 때마다 그녀를 불러서 똑같은 방법을 썼더니 점점 정상으로 돌아오는 것 같았다. 그러다가 어느 순간부터 나오지 않았는데 가족들로부터 전화가 왔다. 또 병이 도졌다고 했다. 병이란 그렇게 쉽게 고쳐지는 것이 아닌데 조금 좋아졌다고 안도했던 것이 탈이었다.

여자는 다시 병원을 다니면서 정신병 치료와 마음 수양을 병행

했고 상태가 아주 좋아졌다. 가족들은 그동안 치료를 위해 많은 돈을 써가면서 최선을 다했지만 마지막으로 귀의한 곳은 불교였다. 그녀는 지금도 열심히 절에 다니고 있고 부처님께 기도하면서 마음을 안정시켰다. 모든 문제는 가족들과 남편으로부터 소외를 당하고 있다는 생각 때문이었다.

자식과 남편을 위해서 열심히 살았는데 자신을 무시하는 남편과 자식들이 원망스러웠고 그것이 끝내 조현병으로 이어졌던 것이다. 지금은 절에 나와서 봉사와 합창단 활동도 하고 있다. 엄마가 제자리를 찾으니까 아이들도 안정을 찾고 행복한 가정이 되었다.

현재 환자의 큰아이는 중학교에서 전교 1등을 하는 우등생이 되었다. 요즘에는 그녀의 친정 식구들까지 자주 절에 온다. 그들은 나를 볼 때마다 딸의 병을 치료해주었다며 늘 고마움을 느낀다. 심지어 딸의 생명을 구해주어서 고맙다는 말까지 했다. 그럴 때마다 나는 이렇게 말한다.

"따님의 병을 고쳐주신 것은 내가 아니라 우리 절에 계신 부처님입니다. 모든 죄는 자신이 짓지만 또한 자신이 없애야 합니다. 이를 두고 '정업은 난면'이라 하지요. 말하자면 '부처님조차도 자신이 지은 업은 자신만이 지울 수 있다.'는 뜻입니다."

이렇듯 우리는 알게 모르게 정신병을 앓고 있다. 자신에게 찾아온 힘듦과 어려움을 스스로 극복하지 못한다면 행복도 없다.

그러므로 마음을 다스리는 것이 무엇보다 중요하다.

'이 세상에서 내가 제일 행복한 사람이다.'

이런 생각으로 마음의 끈을 놓지 않고 산다면 우리에게 틀림없이 행복이 찾아오게 될 것이다.

몸이 건강해야 재물도 명예도 온다

누구나 서원 하나쯤은 가지고 있다. 좋은 대학을 가거나 법관
이 되거나 혹은 훌륭한 운동선수가 되거나 부자가 되거나 집을
사거나 등등 갖가지의 서원들을 가지고 있다. 사람들은 그 서원
을 이루기 위해 열심히 자신에게 주어진 일을 한다. 만약, 당신
도 이러한 서원 하나 없다면 살아야 할 이유가 없다.

나는 그동안 절에 와서 기도하고 있는 많은 신도들을 보아왔
다. 그리고 그들이 가진 갖가지 서원들을 잘 알고 있다. 어떤 때
는 꼭두새벽부터 법당에 앉아서 간절하게 백일기도하는 신도들
을 보기도 했고, 기도하다가 포기하는 분들도 보았다. 그들은 한
결같이 간절했다. 하지만 그 서원을 이루는 걸 보기도 했고 절망
하는 것도 무수히 보아왔다. 자신이 가진 서원이 이루어지건, 안

이루어지건 나는 그 과정이 매우 중요하다는 생각을 한다.

내가 하고자 하는 이야기의 요지는 서원에 대한 마음가짐에 대한 것들이다. 사실 있다가도 없고, 없다가도 있는 것이 바로 재물과 명예이다. 그런데 이런 것에 매일 목을 매고 기도하는 모습을 보면 정말 안타깝다. 그래서 신도들이 부처님께 서원을 빌 때는 무엇을 해달라고 하지 말고 열심히 기도하겠다는 말을 하라고 당부한다.

"부처님, 저희 아이가 이번에 좋은 대학에 가도록 해주세요."

"부처님, 저희 남편이 승진되도록 해주세요."

"부처님, 제가 하고 있는 일이 잘되어서 대박 나게 해주세요."

생각하건대 이런 서원을 가지고 부처님께 기도하면 과연 들어주실까 의문이 든다. 기도하는 마음은 지극한 믿음이 전제가 되어야 함이 당연하듯이 기도의 마음에는 반드시 따라야 하는 게 있다. 그것은 바로 개인의 노력이다. 자신의 꿈을 이루기 위해 노력은 하지 않고 부처님께 기도만 하는 것이 문제라는 말이다.

아이가 자신이 원하는 대학에 입학하려면 당연히 열심히 공부해야 한다. 남편이 승진하려면 그에 상응하는 많은 노력을 해야 하고 사업이 대박 나려면 열심히 일해야 한다. 노력이 따르지 않고 단순히 서원만을 가지고 열심히 기도한다고 해서 그 꿈이 이루어질까? 결국 성공의 여부는 자신의 노력 여하에 따라 결정된다는 말이다.

그런 측면에서 보면, 성공과 실패에는 노력과 운이 각각 절반을 차지한다. 노력하지 않는 사람은 운도 따르지 않는다. 반대로 운이 없는 사람은 아무리 노력해도 이루어지지 않는 것이 서원이다. 결국 서원도 노력과 운이 따라야만 이루어진다는 것이다. 신도들이 부처님께 열심히 기도하고 공양을 올리는 것도 사실, 부처님께 하는 것이 아니라 바로 자신에게 하는 것임을 알아야 한다.

기도의 힘은 자신감을 가지게 하고 부처님이 반드시 나를 도와주실 것이라는 모종의 기운을 동반한다. 이것이 나중에 결과로 나타나는 것이 가피이다. 그래서 나는 신도들에게 기도를 하면서 간절한 마음을 갖도록 유도한다.

그런데 고칠 수 없는 것이 있다. 바로 건강이다. 병은 기도의 힘만으로는 부족하다. 기도와 더불어 꾸준히 치료를 병행해야 한다. 그 후에 하늘의 뜻에 맡겨야 한다. 사람의 건강은 '운명에 죄우된다.'는 말이 있지 않은가. 육신의 병은 누가 만드는 것일까? 병을 만드는 원인이나 유전인자는 타고나지만 생활 습관의 변화와 기도의 힘만으로도 충분히 병을 제압할 수 있다.

대개의 사람들이 가진 서원은 재물, 명예, 건강순이다. 재물과 명예에 대한 서원은 노력과 운이 따라야 한다.

하지만 이 중에서 가장 먼저 가져야 할 서원은 건강, 재물, 명

예순이다. 건강을 잃으면 아무리 많은 재물도, 높은 명예도 필요
가 없다. 때문에 먼저 마음과 육신의 병을 다스리는 서원을 많이
하라고 권하고 싶다.

불치병도 기도로서 고칠 수 있다

사람들이 병 때문에 고생하고 있는 것을 많이 본다. 불치병이나 암, 마음의 병이 깊어서 의료로도 치료하지 못해 찾아오시는 분들이 많다.

지금으로부터 10여 년 전에 한 부부가 절을 찾아왔다. 남편은 입안에 생긴 염증 때문에 심하게 앓고 있어서 제대로 음식을 먹지 못했다. 심지어 물도 제대로 삼킬 수 없을 정도로 염증이 심했다. 항생제를 먹어도 별 효과가 없었고 병원을 다니면서 아무리 치료해도 낫지 않아서 결국 나를 찾아왔던 것이다.

"스님, 남편의 병을 고쳐주세요."

"내가 의사도 아닌데 무슨 수로 그 병을 고칠 수 있겠습니까?"

부인이 간절하게 매달렸다. 마음의 병은 기도로 고칠 수도 있지만 육신의 병을 고칠 방법은 나에겐 없다. 그동안 부부는 용하다는 점쟁이를 찾아다니다가 내가 병을 잘 고친다는 말을 듣고 찾아왔던 것이다. 내가 육신의 병을 잘 고친다는 말을 들을 땐 아연실색을 한다. 자칫하면 돌팔이 의사가 될 수 있기 때문이다. 그래서 내가 이런 말을 했다.

"열심히 부처님께 병이 낫게 해달라는 기도를 하면 나을 수도 있겠지요."

"네, 스님. 한번 해보겠습니다."

부부는 매주 절에 와서 기도도 열심히 하고 공양주를 자처하면서 봉사 활동도 병행했다. 그러던 어느 날 내게 갑자기 천도재를 지내달라고 했다. 자신이 병으로 고생하고 있는 것도 조상들에게 잘하지 못한 탓이라는 생각을 했기 때문인데 천도재를 지낸 후 부부에게서 전화가 왔다. 입안의 병이 씻은 듯이 다 나았다는 것이다.

"스님, 고맙습니다. 남편의 병이 다 나았어요. 이제는 음식도 마음대로 먹을 수가 있어요. 정말 신기해요."

그 인연으로 인해서 부부는 10년이 지난 지금까지도 일요일마다 절에 와서 공양주를 하고 있다.

사실, 중병이 아닌 모든 병은 자신이 만든 것이고 그 병을 낫게 하는 것도 자신의 마음에 달렸다. 이렇듯 마음의 끈을 놓지 않고 열심히 산다면 누구든 어려움을 극복할 수 있다.

또 한번은 절과 가까운 동네의 큰 방앗간 주인이 나를 찾아와서 천도재를 지내달라고 했다. 나는 무슨 일 때문에 재를 지내는가 하고 물었다.

"제가 30년 동안 방앗간을 해서 돈을 벌어 집과 땅도 많이 샀습니다. 그런데 며칠 전 보일러가 갑자기 폭발, 화재가 나서 방앗간은 물론 이웃에도 큰 피해를 주었습니다. 보상을 해주고서도 좋지 않은 일들이 자꾸 일어나는 것 같아요. 아무래도 조상님들에게 잘못해서 그런가 봅니다. 스님, 제발 천도재를 지내주세요."

아내마저 중풍으로 쓰러졌다고 했다. 부부가 평생 방앗간을 하면서 살았는데 갑자기 아내가 쓰러지니 앞날이 캄캄해졌다고 한다.

나는 조상님에게 천도재를 지내고 나면 혹 좋은 일이 생길 수도 있으니 한번 해보자고 했다.

그렇게 천도재 입재에 들어가고 며칠이 지난 후 그들에게서 전화가 왔다.

"스님, 마누라가 중풍으로 쓰러져 꼼짝하지 못했는데 믿기지 않을 정도로 회복이 빠릅니다. 정말 고맙습니다."

"그래요. 정말 잘되었습니다."

나는 부인이 병석에서 훌훌 털고 일어나 평소처럼 방앗간을 계속 경영했으면 했다. 천도재를 지낸 후 부인이 병에서 회복이 된 것은 좋은 일이다. 그러나 깊이 생각해보면 모든 것이 마음 작용 때문은 아닐까?

재를 지내면 반드시 좋은 일이 있을 것이라는 마음 작용이 그 집에 행복을 불러온 것은 아닌가 하는 생각이 든다. 말하자면 좋은 생각이 좋은 복을 불러오게 한다는 것이다. 사실, 돈을 많이 낸 사람이나 적게 낸 사람이나 천도재를 지내는 것을 옆에서 보면 재를 지내는 방법은 다 똑같지만 굳이 다른 것이 있다면 재를 지내는 사람의 마음가짐이다. 지성으로 재를 지내면 부처님도 가피를 준다는 것이다.

자리이타를 행하라

　어떤 스님이 산에서 나무를 하다가 엄청나게 큰 굼벵이가 개미 떼에게 물려 어디론가 끌려가고 있는 것을 보았다. 처음에는 몇 마리 안 붙었는데 삽시간에 수백 마리의 개미들이 달라붙었다. 굼벵이는 살려고 이리저리 몸을 뒤집고 발버둥을 쳤다. 스님은 나무하다가 신기해서 그 광경을 재미있게 지켜보고 있었다. 그들만의 세계에서 일어나고 있는 전쟁을 보고 있었던 것이다.

　불교에선 계율이 아주 중요하다. 계율이란 불자나 출가자들이 지켜야 할 법과 같은 것인데 그중에서 불살생은 엄격하다. 스님은 굼벵이의 죽음을 두고 고민했다. 지금 굼벵이를 살려야 할 것인가 말 것인가? 그렇다고 굼벵이를 살리면 그 많은 개미들의 먹이를 빼앗아버리는 결과를 초래하게 된다.

스님은 이런저런 생각을 하다가 결국 굼벵이의 죽음을 내버려 둔 채 산을 내려왔지만 이상하게도 마음이 편하지 않았다. 귓가에 굼벵이가 애원하는 소리가 들렸다.

"스님, 살려주세요."

스님이 발길을 돌려서 아까 그 자리에 다시 왔다. 그런데 이번에는 개미들의 목소리가 귓가에 들렸다.

"스님, 그냥 가세요. 굼벵이를 살려주면 저희들은 굶어 죽습니다."

스님은 이러지도 저러지도 못하고 그 자리에 우뚝 서서 기도를 했다.

"부처님, 이럴 때는 제가 어떻게 해야 하는지 가르쳐주세요."

그때 어떤 목소리가 바람 소리에 실려서 들려왔다.

"눈에 보이는 것만이 전부가 아니다. 이제 그것마저 내려놓아야 하느니라."

그 순간 스님은 눈을 떴다. 모든 것이 꿈이었다.

세상을 살다 보면 남에게 도움을 줄 때도 있고 알게 모르게 피해를 줄 때도 있다. 한쪽에 이익을 주다가 보면 다른 한쪽에 피해를 주게 되는 경우가 종종 있다. 이것을 두고 우리는 '제로섬 게임'이라고 한다. 주식 투자의 대부분이 이와 같은 '제로섬 게임'이다. 이것이 우리가 살고 있는 세상에서 겪고 있는 삶의 법칙이

새도 날고 싶으면 날개를 펴야 한다

다. 내가 출가를 한 이유도 이러한 세속의 삶을 벗어나기 위해서였다.

그 같은 삶의 법칙은 동물의 세계에도 존재하고 있다. 말하자면 굼벵이를 살리면 개미들이 피해를 보게 되고, 굼벵이를 죽이면 불살생의 계율에 어긋나게 된다. 이렇듯 세상은 눈에 보이지 않는 먹이사슬에 의해 움직이고 있다.

우리 인간의 삶도 다를 바가 없다.

그래서 부처님께서 이러한 삶의 법칙을 타파하기 위해 내세운 것이 있는데 '자리이타' 사상이다. 이것은 불교만이 지니고 있는 대승적 진리이다. 나아가서는 보살의 실천 덕목이 되고 있다. 즉 '나도 이롭고 너도 이롭게 한다.'는 말이다. 다른 말로 하면 '상생(相生)'이다.

불가에 들어와서 가장 크게 배운 것은 '누이 좋고 매부 좋다.'이다. 자유민족국가인 우리나라가 추구해야 할 진리이고 세계가 추구해야 할 방향이고 남북이 지향해야 할 가르침이 바로 부처님의 '자리이타' 정신이다.

그런데 지금 우리는 어떠한가. 하루라도 남이 잘되는 걸 못 보는 삶을 살고 있다. 남이 잘되면 배가 아프다 못해 죽이려고까지 한다. 이런 삶을 살고 있는 게 우리 중생들이다.

사람이 태어나서 한세상을 사는 것은 누구나 다 똑같다. 기왕이면 행복하고 즐겁게 생명을 누리다가 가는 것이 삶의 목적이다. 하지만 그놈의 욕심 때문에 인간은 더 많은 것을 취하려고 하고 그러다 보니 눈만 뜨면 지지고 볶고 싸운다. 부처님은 이런 어리석은 중생들을 위해 8만 4천 가지의 법문을 하셨던 것이다.

자신의 이익을 추구하되 다른 사람에게 피해 주지 않는 삶을 살려고 하는 마음을 지니는 것, 이것이 행복한 삶을 사는 비결이다.

함께 사는 세상에는 너와 내가 따로 없다. 내가 하는 일이 바로 너의 일이고, 네가 하는 일이 바로 나의 일이고, 지금 네가 겪고 있는 아픔이 나의 고통이고, 나의 고통이 너의 아픔이라는 마음으로 서로가 더불어 살아가라는 것이 곧 부처님의 가르침이다. 기쁨과 슬픔을 함께 나누면서 더불어 살아가다 보면 행복은 저절로 걸어오게 된다.

굼벵이의 죽음과 개미의 삶이 우리에게 던져주는 교훈은 바로 이런 것이 아닐까?

건강할 때 몸을 지켜라

세상에서 가장 중요한 것이 있다면 그게 뭘까? 재물도 명예도 아니고 바로 건강이다. 건강을 잃으면 아무런 소용이 없다. 절에 있다 보면 많은 분들이 기도를 하러 온다. 기도의 목적들은 제각 각이지만, 개중에는 불치병에 걸리거나 암에 걸려 고통을 받는 사람들이 의외로 많다. 병원에서 치료받다가 차도가 없을 때 마지막으로 찾아오는 곳이 부처님의 법당이다. 눈에 보이지 않는 가피의 힘을 얻으려는 것이다.

나는 그런 분을 볼 때마다 연민의 정을 느끼다 못해 안타까운 마음마저 든다. 평소에는 기도의 삶을 살지 않다가 꼭 막다른 지경에 이르면 부처님을 찾아서 온다. 그러나 어쩌랴. 그것이 인간의 마음이다.

인간에게는 두 가지의 병이 있다. 하나는 마음의 병이고 또 하나는 육신의 병이다. 그런데 사람들은 마음의 병과 육신의 병을 따로 보는 경향이 많다. 마음을 다스리지 못하면 그게 육신의 병으로 옮겨간다는 걸 모르고 있다는 것이다.

사람은 태어나는 순간 늙고 병들고 죽는 생로병사를 겪을 수밖에 없다. 대개 사람들은 주위의 아픈 사람들보다 자신의 병에 더 집착하는 경향이 있다. 이건 어쩔 수 없다고 하더라도 돌아보면 타인의 병과 나의 고통은 깊은 연관 관계가 있다.

실제로 노부부가 평생을 함께 살다가 할머니가 돌아가시면 건강하시던 할아버지도 갑자기 돌아가시는 경우가 많다. 이것을 보아도 할머니가 돌아가셔서 생긴 마음의 병이 할아버지에겐 육신의 병이 된 것이다.

그런데 이 두 가지의 병 중에서 더 무서운 것은 무엇일까? 당연히 마음의 병이다. 그럼, 마음의 병을 치유할 수 있는 방법엔 어떤 것이 있을까? 육신의 병은 약과 의술로 고칠 수 있지만 마음의 병을 고칠 수 있는 방법은 오직 종교의 힘이나 기도의 힘뿐이다. 마음이 건강해야 행복도 스스로 찾아온다. 마음이 건강하지 않은 사람은 늘 불행하다. 이런 사람은 자기 관점에서 모든 것을 바라보고 자기는 항상 남으로부터 피해를 본다고 생각한다.

과연 그럴까? 상대방은 어떻게 생각할까? 오히려 당신으로 인해서 피해를 본다는 생각은 하지 않을까?

자신부터 깨끗한 거울 같은 마음으로 살면 그 자리가 바로 부처님이고, 그 자리에 부처님이 계시고, 그 자리에서 없는 것이 이루어지고, 거짓말 같은 일이 일어난다.

그동안 나는 절에 있으면서 돈과 명예는 많아도 마음이 불행한 사람들을 많이 보았다. 왜 그들은 자신의 삶에서 행복을 느끼지 못하는 것일까. 자신이 만든 탐진치로 인해 삼독이 몸속에 가득한 사람이라면 아무리 재물과 명예가 많아도 밑 빠진 독처럼 만족이 있을 수 없다. 이것이 화가 되어 육신의 병으로 옮아가게 된다.

결국 마음 건강이 최고라는 뜻이다. 그럼, 어떻게 해야만 마음이 건강해질 수 있을까. 부처님의 가르침을 배우고 그대로 실천하는 삶을 살면 된다. 자신이 가지고 있는 몸과 입과 뜻으로 짓는 신구의 삼업을 청정하게 하면 된다. 탐욕이 지나치면 화가 되고, 입이 불만과 불평으로 가득 차면 그 화가 자신에게로 오게 되고, 나쁜 생각으로 가득 차면 결국 육신의 병이 될 뿐이다.

내가 그 한 예를 들고 싶다.

무명사에 오시는 여신도 중에 마씨 성을 가지신 분이 있다. 대중들은 그를 마 보살이라고 불렀다. 어느 날 이 신도가 두 분을 모시고 절에 왔다.

"스님이 용하시다고 해서 찾아왔습니다."

나는 기가 차서 물었다.

"뭐가 용하다는 말인가?"

"스님에게는 다가올 일을 꼭 짚어내는 기운이 있다고 하던데요."

"허허, 나를 점쟁이로 만들 생각이군. 나는 아는 것이 없이 전혀 없어. 그 용하다는 스님을 자네들이 찾아보게."

나는 오히려 엄포를 놓고선 자리에서 일어났지만 그들은 막무가내로 팔을 붙잡았다. 그러고선 딱 한 번만 자신의 기를 봐달라고 사정했다.

"허허, 수행하는 스님에게 이 무슨 버릇인가. 나는 점쟁이가 아니고 사람의 앞일은 몰라서도 못 가르쳐주니 쓸데없는 소리하지 말고 그만 돌아가게."

그들이 돌아갔다. 꼴을 보니 재물 있는 사람들 같았다. 그들은 내가 있는 움막 법당이 초라하게 보였는지 그 후로도 자주 왔다. 그때마다 애써 그들을 피했다.

"스님, 어쩌자고 찾아오시는 신도들을 마다하십니까?"

"허허, 자네들이 절에 오신 목적이 무엇인가. 부처님께 기도하러 온 것이 아닌가. 그러니 기도나 하고 가면 될 것이지 왜 쓸데없이 스님을 붙잡고 점쟁이처럼 묻는가?"

"스님, 저는 큰 절의 신도입니다. 이제부터는 이곳에 보시를 하겠습니다."

견물생심이라고 보시하겠다는 그 말에 나도 마음이 잠시 흔들렸다. 어쨌든 부처님이 계신 절에 보시하려는 마음을 가진 보살이라면 마음씨가 넉넉한 사람이라는 생각이 들었다.

마 보살이 우리 절을 찾아온 것은 지병 때문이었다. 그는 자신의 병을 고치기 위해 수년간 병원에 다녔지만 고칠 수가 없었다. 정신병의 일종인 '빙의'를 앓고 있었는데 '빙의'가 찾아오면 온몸이 쑤시고 아프다는 것이다. 그럴 때마다 큰 절에 가서 기도를 했지만 낫지 않았다고 했다.

"스님, 병이 낫게 해주세요. 천도재를 지내고 싶습니다."

간절하게 부탁하는 그녀의 요구를 거절할 수가 없어서 재를 지내기로 했다.

"죽은 사람 소원도 들어준다는데 산사람의 소원은 들어주어야지."

며칠 후 재를 지내고 곧 백일기도에 들어가서 기도가 끝날 쯤이었다.

"스님, 이제 몸이 건강해졌어요. 그런데 이상하게도 한 군데만 낫지를 않았어요."

"그곳이 어딘가?"

"겨드랑이 밑이 아팠는데 그곳이 아직 아픕니다."

"허허, 그래? 내가 그곳만 빼놓고 기도를 했네."

나는 마 보살의 말이 진짜인지 아닌지 알 길이 없었다. 그런 후

마 보살은 매일 법당에 들러서 기도를 하더니 그동안 앓고 있던 병까지도 다 나았다고 했다. 한마디로 신기했다. 몇 년 동안 병원을 다니면서 치료해야만 했던 육신의 병과 마음의 병이 기도로 모두 치유가 된 것이다.

나는 그때부터 기도의 힘이 가지고 있는 가피에 대해서 생각했다. 마음의 병이든, 육신의 병이든 지극한 마음으로 기도한다면 치유될 수 있다는 것이다. 이렇듯 모든 것은 마음먹기에 달린 것이 아닐까?

간암을 고치다

일흔이 훨씬 넘은 할머니가 있었다. 평생 열심히 기도하시면서 사셨는데 얼마 전 몸이 많이 아파서 병원에 갔다가 간암 진단을 받았다. 살 만큼 살았으니 수술은 하지 않겠다고 버텼다.

딸과 함께 천도재를 지내고 싶은데 형편이 넉넉하지 못했다. 딸이 주말마다 절에 와서 봉사도 많이 했기에 무료로 재를 지내 드렸다. 가족들은 암에 걸린 할머니를 그대로 둘 수가 없어서 몰래 수술 날짜를 잡아놓았지만 할머니의 완강한 고집 때문에 끝내 하지 못했다.

할머니는 재를 지내고 난 후에도 절에 와서 지성으로 기도했다. 그리고 1년이 지나 병원에 약 타러 갔다가 의사와 마주하게 되었다.

"할머니, 수술하고 난 뒤 차도가 있었습니까?"

"안녕하세요? 그런데 저 수술을 안 했어요."

수술하지 않았다는 할머니의 말을 듣고선 의사는 갑자기 심각한 표정을 지었다.

"그대로 두시면 안 됩니다. 그럼, 검사라도 한번 받아보세요."

할머니의 건강 상태는 너무나도 놀라웠다. 간의 상태가 수술을 하지 않아도 될 정도로 급격하게 좋아졌던 것이다. 의사조차도 믿지 않을 정도였다. 어떻게 이런 일이 있을 수 있을까.

그로부터 1년이 또 흘렀다. 이번엔 할머니가 중이염 치료차 병원에 들렀다가 건강검진을 받았다. 그런데 간암 세포가 흔적도 없이 사라졌다고 한다. 의사도 이런 경우는 백에 하나 생길까 말까 한 사례라고 했다. 왜 이렇게 건강해졌던 것일까.

돌이켜보면 할머니의 기도가 마음의 병은 물론 육신의 병을 고치게 했다는 것이 된다. 의학적으로는 믿을 수 없는 일이지만 그렇다고 암을 무조건 수술해야만 고칠 수 있는 건 아니다.

더구나 연세가 많으신 분들은 항암치료와 수술을 받다 보면 체력이 떨어져서 위중한 상태가 올 수도 있다고 한다. 암 말기라면 오히려 종교 생활과 식생활을 개선하고 약물치료를 병행하면 병을 호전시킬 수도 있다.

물론, 나는 의사는 아니다.

작은 돌을 창에 던지면 유리는 깨어진다. 그러나 특수 물질로

된 강화유리에 돌을 던지면 깨어지지 않는다. 병도 마찬가지다. 그 사람이 가진 체질에 따라서 치료법도 달라진다. 연세가 많은 할머니에게 암 수술을 하면 안 하는 것만도 못한 결과를 낳을 수도 있다는 말이다. 할머니의 암세포가 사라진 것은 자신이 앓고 있는 병을 있는 그대로 받아들이고 종교 생활을 통해서 극복한 덕분은 아닐까.

가피도 사람이 어떤 마음을 가지고 기도를 했는가에 따라 달라진다. 가끔 환자들을 대할 때 하는 기도 방법이 있다. 환자를 앞에다 두고서 두 손을 모으고 합장한다.

"부처님, 이 환자의 병을 보살펴서 낫게 해주세요."

스님의 마음과 환자의 마음이 부처님께 전달되어서 병이 나을 때도 있다. 만약 기도로써 환자의 병이 낫는다면 천 번 아니 만 번이라도 나는 기도를 해드릴 수 있다.

그렇게 해서 병이 낫는다면 스님의 힘이 아니라 자신이 한 기도의 힘 덕분이다. 중요한 것은 기도로써 낫게 하고야 말겠다는 강한 신념이다. 요즘도 내가 철저하게 믿는 것이 하나 있다.

'간절하면 반드시 이루어진다.'는 것이다.

가피는 저절로 오는 것이 아니다

어느 날 관공서에 갔더니 그곳에서 근무하는 한 여성분이 합장하면서 내게 인사를 했다.

"스님, 혹시 불교TV에서 법문하시는 무명 스님 아니신가요?"

"그렇습니다."

"유명하신 스님을 이렇게 마주하다니 제가 복이 많은가 봐요. 무얼 도와드릴까요?"

지난 3년 동안 불교TV에서 법문을 했더니 꽤나 많은 분들이 나를 알아보는 것 같다. 방송하는 게 여간 힘들지 않다. 많은 불자들이 보는 프로그램이라서 법문을 할 때도 미리 준비를 하지 않으면 안 된다. 마음가짐도 단단히 해야 하고 표정도 잘 지어야만 한다.

한번은 방송일이 다가왔는데도 법문 준비가 제대로 되어 있지 않았다. 오늘은 또 어떤 법문을 할까 하고 많은 고민을 했다. 요즘 신도들은 어려운 불경보다 생활 법문들을 특히 좋아한다. 부처님께서도 일상에서 일어나는 일들을 비유를 통해서 풀어놓는 법문을 하셨고, 옛날 우리나라 선지식들도 일상의 비유를 통해 설법을 하셨다. 그래야만 불자들이 쉽고 빠르게 알아듣기 때문이다.

특히 통도사 극락암에 주석하셨던 경봉 스님의 생활 법문은 많은 불자들에게 감동을 주었던 것으로 기억된다. 그중에서도 생각나는 법문 하나를 소개하고 싶다.

이른 아침, 통도사 극락암에 계신 경봉 스님이 감나무를 심기 위해 제자들을 불러 모았다. 그때 어린 제자가 투덜거리면서 말했다.

"큰스님, 감나무를 심어서 언제 따먹어요?"

스님이 혀를 끌끌 차며 말씀하셨다.

"너는 우리 극락암 앞에 있는 감나무의 감을 따서 먹은 적이 있느냐?"

"네, 스님. 지난가을에 나무에 올라가 감을 땄거든요."

"그 감나무는 언제 심은 것 같은가? 아마 네놈 나이보다 세 곱은 더 먹었을 거다. 그 감나무를 심은 스님은 지금 없고 너희가 그 감을 따먹고 있지 않은가. 너희는 감 따먹을 생각은 하지 말거라. 나중에 수행할 아이들이 먹어야 할 테니."

경봉 스님의 생활 법문은 '내가 하는 일이 타인의 행복을 위한 것이라면 그보다 더 가치 있는 일은 없다.'라는 의미를 담고 있다. 사실, 여간한 선지식이 아니고서는 이런 법문을 하기란 결코 쉽지 않다. 수행의 깊이가 깊고 마음의 그릇이 넓기 때문이리라.

불교TV에서 내가 하는 법문들은 주로 몸과 마음의 병을 기도로써 치유한 가피에 대한 것들이다. 이런 법문을 하는 이유는 특별히 경험한 것들이 많아서다.

병은 마음으로부터 먼저 온다

아주 오래전 한 남자가 절을 찾아왔다.

"스님, 저는 잠을 제대로 못 잡니다."

그는 공사 현장에서 일을 하다가 떨어져서 뇌 수술을 받았다. 그 후로 귀에 이상한 소리가 나는 이명(耳鳴) 현상 때문에 도무지 잠을 이루지 못했다. 정신질환인가 싶어서 병원에서 온갖 치료를 받았으나 나아지기는커녕 상태가 더 나빠져서 운전조차 할 수가 없었고 생활에 막대한 지장을 초래했다. 심지어 신호등 색깔을 구분하지 못하는 건 물론 방향감각조차 없어서 가족들이 늘 따라다녔다고 한다.

의사들에게 자신의 병을 하소연하면 수면제가 든 약만을 듬뿍 주었는데 그걸 먹고 나면 정신마저 몽롱해져서 살아도 사는 게 아니라고 했다. 하지만 귀의 울림 때문에 약을 먹지 않으면 도무지 잠을 이룰 수가 없었다. 이제는 일상생활마저 너무 힘들어서 기도도 하고 마음 수행이나 할까 하고 절을 찾아왔다고 한다.

사정이 너무 딱해 보여 절에서 생활하면서 기도를 하면 나아질 것 같아서 일이나 도우며 잠시 있으라고 했다.

"절에 와서 내가 하라는 대로 하겠소? 그러면 내가 그 병을 고쳐주리다."

"아이고, 스님. 그렇게 하겠습니다. 죽으라면 죽는 시늉도 하겠습니다."

나는 남자에게 먼저 법당에 가서 삼천배를 하라고 했다. 그의 의지를 시험도 할 겸. 몸을 많이 움직이면 잠도 잘 올 것 같아서였다. 남자는 그날 삼천배를 시작했다. 그러나 몸도 마음도 지친 그에게 사실 삼천배는 무리였다.

새벽에 일어나 슬그머니 법당에 가보니 남자는 절을 하다가 그대로 법당에서 잠에 곯아떨어져 있었다. 그것을 보자 웃음이 나왔다. 모든 것이 마음의 문제라는 생각이 들었다.

다음 날 그는 안 해본 삼천배를 한 탓에 도무지 방 안에서 나오지 못하고 끙끙 앓았다. 하지만 원 없이 잠을 자서 좋았다고 했다.

오후에 그와 마주 앉았다.

"잠은 잘 잤는가? 몸이 피곤하면 잠이 오기 마련이지. 자네 부자가 되고 싶은가?"

"네, 스님. 부자가 되고 싶습니다."

"그럼, 부자가 되게 해줄 테니 이 기회에 몸에 달고 사는 수면제를 끊어보게. 그리고 어떤 경우에도 약을 먹으면 절대로 안 되네. 내가 보기에는 모든 게 마음의 병에서 오는 것이네."

"잘 알겠습니다. 스님."

사실, 처사는 이명 때문에 단 10분도 잠을 자지 못했다. 그래서 나는 잠이 오지 않으면 수면제를 먹지 말고 끝까지 버티라고 했다. 사람은 아무리 힘들어도 잠을 자지 않으면 3일부터는 버티기가 힘들다. 이틀이 지나고 그는 힘들어하면서도 사중(寺中)의 일들을 척척 해내었다.

이틀째 뜬눈으로 보낸 그에게 농담을 던졌다.

"그래, 정신이 몽롱한가? 혹시 대궐 같은 별장이 눈에 보이지 않던가. 그게 부자가 된 걸세."

처사가 웃었다. 다음 날이었다.

"스님, 깜빡 잠이 들어버렸어요. 안 자려고 그렇게 버텼는데 그만 잠이 저절로 들었어요. 이명도 싹 가셨어요."

잠이 오지 않을 때는 수면제를 먹지 않고 억지로 버티면서 절간의 힘든 일들을 찾아서 모두 해냈다. 그러다 보니 몸은 잠을 요구하게 되고 그는 편안한 일상으로 되돌아왔던 것이다.

그제야 그는 모든 병의 원인은 마음으로부터 온다는 사실을 알았다.

길이 있는데도 가지 않으면
그것은 자신의 탓이다

'전화위복'이라는 말이 있다. '화'가 '복'이 되었다는 뜻이다. 인생엔 늘 화만 있는 게 아니라 때론 복도 있다. 절에 있다 보면 별별 이유로 기도를 하러 온다. 그중에는 이런 분도 계셨다.

그는 대단한 건축 기술을 가진 사람이었는데 빌딩 공사를 하다가 큰 사고를 당했다. 다리 골절로 산재 처리가 되어 2년 동안 매달 돈이 나왔는데 겨우 서른아홉이었다. 내가 그를 만났을 땐 눈으로 보기에도 다리가 멀쩡했다.

한번 사람이 놀고먹기 시작하면 습관이 되어 일하기가 싫어진다. 좋은 기술을 가지고 있었지만 일을 안 해도 얼마간의 돈이 저절로 나오니 몸과 마음이 게을러졌던 것이다. 집에서 놀고 먹다 보니 가족들과도 사소한 일로 다툼이 자주 일어나고 몸도 자꾸 망가졌다. 그래서 피신한 곳이 바로 우리 절이었다. 매일 먹고 자고 노는 게 지겨워서 가끔 소일거리로 사중(寺中)의 일을 도와주면서 절에서 보냈다. 하루는 급히 찾았더니 법당에서 기도하고 있었는데 나는 대견스러워서 그에게 물었다.

"자네는 법당의 부처님께 어떤 마음으로 기도를 드리고 있는가? 그 소원은 뭔가?"

어찌 된 일인지 그가 빙그레 웃었다.

"며칠 후면 산재 심사를 하는데 계속 산재보험을 받게 해달라고 빌었습니다."

그 말을 듣자 갑자기 한심한 생각이 들었다. 몸에 탈이 났으면 당연히 낫게 해달라고 기도해야 하는데 거꾸로 병이 낫지 않게 해달라는 기도는 있을 수가 없었다. 하도 기가 차고 한심해서 다시 물었다.

"이보게. 훌륭한 건축 기술도 가지고 있는 젊은 사람이 빨리 나아서 일을 해야 하는 게 아닌가?"

"스님, 무슨 소리입니까? 아직도 다리가 아프고 쑤셔요."

"아니 내가 보기엔 멀쩡한데. 어제도, 그제도 부처님께 백팔배를 하지 않았나. 움직이는 데 전혀 문제가 없어 보이는데 꾀병이 아닌가?"

"스님, 그러니까 부처님께 기도를 한 것 아닙니까? 이번 산재 심사에서는 떨어질 것 같아서 신경이 많이 쓰입니다."

"그거 참 다행일세."

그의 말과 태도가 정말 마음에 안 들었다. 그러니 가족에게 구박을 받고 사는 것 같았다. 산재보험으로 나오는 돈이 자기가 버는 돈의 절반 정도밖에 안 되는데도 그걸로 안주하고 살았다. 기업주도 손해고, 자신도 손해고, 국가도 손해다.

며칠 후 산재 심사를 받았는데 완치 결과가 나왔다. 당연히 산재보험을 못 받게 되었다. 그날 그는 절에 와서 투덜투덜 불평을 했다.

"몸이 아직도 이상한데 스님 때문에 산재 심사에서 떨어졌어요. 이제 쥐꼬리만 한 보험금도 못 받게 되었어요."

"아니 그게 어째서 나 때문인가. 병을 낫게 해준 자네 몸이지. 오히려 감사하게 생각해야지. 정 그렇다면 대신 내가 돈 많이 벌라고 기도해줄게."

그는 가족들도 있고 해서 별수 없이 다시 건축 일을 시작했다. 그는 그만의 뛰어난 건축 기술을 가지고 있었다. 그런데 2년이라는 적지 않은 시간 동안 배를 깔고 누워만 있었으니 그게 습관으로 굳어져버린 것이다. 어쨌든 그는 일을 해야만 했다.

그런데 희한하게도 그때부터 하는 일마다 잘되고 일거리도 쑥쑥 들어와서 예전보다 돈을 더 많이 벌었다. 집안도 넉넉해지고 가족들과의 관계도 정상화되었다. 그런 후 스님을 찾아와서 하는 말이 가관이었다.

"아, 스님 말씀대로 열심히 일을 했더니 쥐꼬리만 한 수입이 고래등처럼 불어났어요. 고맙습니다, 스님."

"허허, 잘되었네. 거봐, 얼마나 좋은가. 일을 해서 몸이 건강해지고 돈도 벌고 마누라에게 사람 대접 받고. 그게 사는 거야."

그제야 그는 환하게 웃었다.

자신이 놓인 상황에서 그대로 포기하거나 안주하는 인생이어서는 안 된다. 지혜로운 사람은 자신이 지니고 있는 삶의 능력을 제대로 활용할 줄 아는 사람이다. 이것이 바로 부처님의 가르침이다. 만약, 그가 계속 산재보험을 받고 있었다면 여전히 안팎으로 환자 취급, 병신 취급을 받았을 것이다.

길은 찾는 사람에게만 열려 있다. 길이 있는데도 그 길을 가지 않는다면 오직 자신의 탓이다. 부처님의 가르침은 그래서 위대하다.

무주상보시

남을 도울 때는 대가를 기대하지 않는

마음으로 해야 합니다.

그래야만 도움을 받은 사람에게서

진실한 마음을 얻을 수가 있고

많은 사람들로부터 신임을 얻을 수가 있습니다.

그런 이가 바로 덕을 가진 큰 사람이고

큰일을 할 수가 있습니다.

이를 두고 불가에서는 '무주상보시'라고 합니다.

모두가 부처이다

이 세상에 부처 아닌 것이 없습니다.

풀과 나무, 작은 벌레, 벗과 이웃,

심지어 미물까지도 모두 부처입니다.

그 모두를 사랑하면

행복은 저절로 찾아옵니다.

대인(大人)

대인은 나무를 보지 않고 숲을 봅니다.

소인은 숲을 보지 않고 나무만 봅니다.

티끌만 한 일 때문에 다투는 사람들은

그저 소인배에 지나지 않습니다.

성공하려면 눈앞의 물거품을 보지 말고

먼 바다로 나갈 원대한 꿈을 품어야 합니다.

새도 날고 싶으면 날개를 펴야 한다

인과법

부처님의 인과법에 보면,

과거의 나를 보려면 현재의 나를 보고

미래의 나를 보려면

현재의 나를 보면 된다고 합니다.

지금 당신은 무엇을 하고 있나요?

두 개의 막대기

여기 두 개의 막대기가

서로 의지하면서 서 있습니다.

한쪽을 치우면 다른 한쪽도 함께 쓰러집니다.

이렇게 인과는 서로 맞물려 있습니다.

타인에게 늘 사랑한다고 말하세요.

그러면 그 사랑이 내게로 돌아옵니다.

새도 날고 싶으면 날개를 펴야 한다

지혜의 등불

산사에 가서 등불을 밝히는 것은

그리 중요하지 않습니다.

내 마음의 심지에

항상 지혜의 등불이

타고 있는가가 더 중요합니다.

밥

밥은 생명을 이어주는 식(食)입니다.

그런데 밥에 대한 지나친 욕심 때문에

스스로 존재감을 잃어버리는 이가 많습니다.

밥 많이 먹어봐야

배 터지는 일밖에 더 있겠습니까?

마찬가지로 욕심이 크면

훗날 사달이 나기 마련입니다.

새도 날고 싶으면 날개를 펴야 한다

자비

불교의 가르침은 자비와 용서입니다.

살다 보면 이해관계에 얽혀 자신도 모르게

어떤 이를 한없이 미워하게 됩니다.

그 미움이 지나치면

모든 화는 자신에게 되돌아옵니다.

남을 미워하는 자가

남에게 원한을 가진 자가

어찌 불교의 가르침을 이해할 수 있겠습니까?

항상 고요한 마음을 유지하는 자만이

부처님의 제자가 될 수 있습니다.

일주문

'입차문래 막존지해(入此門來 莫存知解)'

'이 문으로 들어올 때는 알음알이를 버려라.'

절에 들어서기 전 일주문의 주련을 보면

대개 이런 경구가 있습니다.

절로 들어올 때는 모든 것을 버리고

가장 청정한 마음으로 오라는 것입니다.

쓸데없는 지식과 학문은 마음공부에

오히려 장애가 되기 때문입니다.

가끔은 지식과 학문을 똥 싸듯이 모조리 비워보세요.

그러면 마음이 후련해집니다.

4부

욕망, 성냄, 어리석음

탐진치 삼독을 버려야만
비로소 지혜가 나타난다.
그걸 아직도 버리지 못하고서
어찌 행복하기를 바라는가.

돈 없는 세상을 찾아서

나는 남들보다 많이 늦은 나이로 출가했다. 세상의 쓴맛 단맛을 모두 경험하고 출가를 결심한 데에는 남다른 이유가 있다. 스무 살 무렵에 가난한 농부로 사시던 속가의 아버님이 세상을 뜨신 후, 신장병으로 고생하시던 어머니마저 세상을 뜨셨다. 어머니의 묘를 모실 마땅한 터와 돈이 없어서 조상으로부터 물려받은 백부 소유의 산에 유골을 안치했다.

나는 부모님이 돌아가시자 열심히 일해서 많은 돈을 모았다. 그로부터 20여 년이란 세월이 훌쩍 흘렀다.

어느 날 백부가 나를 찾아왔다. 자신의 산에 묻힌 어머니의 묘로 인해서 집안일이 잘 안 풀린다고 투덜거렸다. 그때마다 나는 돈을 주었지만 백부는 수시로 찾아와서 돈을 요구하거나 횡포를

욕망, 성냄, 어리석음

부렸다. 얼마 후 백부는 돌아가셨고 그동안 나는 상당한 돈을 묘지 값으로 지불했다.

그 후에도 백모는 더 많은 돈을 요구했다.

"내가 그 자리에 누우면 우리 자식들이 잘될 것인데……."

어머니의 묘를 이장하기를 은근히 요구했던 것이다. 예전에만 해도 시골 땅과 산들은 부동산 투기로 인해 도시 사람에게 팔 수가 없었지만 세월이 흐르자 법이 바뀌어서 명의 이전을 할 수가 있었다. 그래서 어머니의 묘가 있는 주위의 땅을 사기 위해 백모에게 간곡히 부탁했으나 터무니없이 평당 2억 원을 요구했다. 묘가 다섯 평 남짓했으니 무려 10억 원이나 되는 돈이었다.

하늘이 무너지는 비애감을 느꼈다. 별수 없이 포기할 수밖에 없었다.

그 후 어머니의 묘를 이장하기 위해 여기저기 헤매고 다녔지만 이상하게도 계약이 잘 이루어지지 않았다. 나는 급기야 유골을 파서 강물에 뿌렸다. 눈물이 앞을 가렸다. 어머니의 묘조차 지키지 못하는 내가 정말 원망스러웠다. 그 순간 삶에 회의를 느끼고 나는 돈 없는 세상에서 살고 싶어서 출가를 결심하게 되었다.

나는 그 길로 법보사찰인 해인사로 가서 잠시 머물고 있었다. 그때 원담암에 주석하고 계셨던 전 종정 혜암 스님에게서 출가를 권유받기도 했다.

얼마 후 부산에 계신, 법명만 들어도 잘 아는 큰스님을 찾아가서 출가에 대해 의논했다.

"해인사까지 갈 필요는 없다. 오늘부터 당장 내 상좌를 해라."

나는 한참 주저했다.

"중도 돈이 있어야 하느니라."

"스님, 어째서 중이 수행하는 데 돈이 필요합니까?"

"허허, 모르는 소리다. 세 끼 밥 먹는 데도 돈이 필요하니라."

"큰스님 저는 지금 입고 있는 옷도 이름도 모든 것을 다 벗고 알몸으로 출가하고 싶습니다."

그길로 나는 그곳을 박차고 나왔다. 세상의 모든 오욕락이 부질없음을 깨닫고 출가하러 온 놈에게 '중도 돈이 필요하다.'는 말을 한 데 큰 실망감을 느꼈던 것이다.

며칠을 고민하다가 현 종정이신 진제 스님이 계신 해운대 해운정사를 찾아 갔다. 유명한 큰스님이시니 나를 잘 인도해줄 것이라는 믿음이 있었기 때문이었다. 큰스님을 친견하려면 까다로운 절차가 필요했지만 다행히 친견 날짜가 잡혔다.

나는 삼배를 하고 무릎을 꿇고 앉았다.

"어인 일로 왔는고?"

"출가하고 싶어서 대선사님을 찾아왔습니다. 그런데 저는 조계종에 출가하려면 두 가지 하자가 있습니다. 첫째는 나이가 많고, 두 번째는 학력이 되지 않습니다. 그래도 출가를 할 수 있습니까?"

욕망, 성냄, 어리석음

"그래 잘 왔네. 잘 왔어. 그래, 출가할 수 있느니라."

"큰스님, 그래도 저를 상좌로 받아주실 수 있다는 겁니까?"

"암, 받아주고말고…… 암, 받아주고말고……."

내가 반신반의하자 출가할 자격이 안 되는데도 스님은 흔쾌히 승낙했던 것이다.

"허허, 내가 누구인가? 진제일세. 진제란 말이다."

큰스님은 손가락으로 당신 가슴을 가리켰다.

"나를 믿으시게나. 암, 받아주고말고. 언제든지 오고 싶은 날 세속의 헛된 옷을 벗고 오게나. 올 때는 호적초본 한 통만 가져오게."

나는 그날 진제 스님을 뵙고 흥분된 마음으로 돌아왔다. 그리고 며칠 동안 곰곰이 생각했다. 이젠 정말 출가의 길을 가야 할 것인가? 그렇다면 어디로 어떻게 출가를 할 것인가? 진제 스님은 나를 제자로 받아주신다고 하셨는데 이래저래 고민이 많았다.

또다시 나의 출가는 미루어졌다.

다시 출가를 꿈꾸다

나에게는 고시 공부를 하고 있는 오랜 친구가 있었다. 불심이 아주 강해 해인사에서 공부를 하고 있었는데 가끔 내가 용돈을 부쳐주곤 했다. 고민 끝에 그를 찾아가서 출가하겠다는 말을 했다.

"그렇게 스님이 되고 싶다면 출가를 하게. 스님이 된다는 것은 세속을 떠나는 일이니 가족들이 가까이 있는 곳에서 출가를 하는 것은 아니네. 기왕 출가를 결심했으면 합천 해인사가 좋지 않을까? 내가 주지를 잘 아는데 같이 가는 것은 어떻겠나?"

이미 출가를 작정한 터여서 생각할 것도 없이 그 친구와 해인사로 갔다. 하지만 그곳에서도 나이와 학력 제한에 걸려 출가를 하지 못했다.

그때 친구 놈은 막무가내로 해인사 주지에게 이렇게 말했다.

욕망, 성냄, 어리석음

"진제 스님과 다른 큰스님들도 상좌로 받아주신다고 했는데 어째서 안 됩니까?"

"대한불교 조계종에서는 출가하려는 사람들에게 학력과 나이 제한을 두네. 어떻게 하겠나. 할 수 없네."

"그런데 어째서 그분들은 내 친구를 상좌로 받아들인다고 했을까요?"

"그건 나도 잘 모르겠네. 출가라는 게 꼭 조계종에서만 되는 건 아니지 않는가. 당신들께서 저 사람을 상좌로 삼고 싶었던 것이 겠지. 도대체 어떤 이유로 출가 제한이 있는 사람을 상좌로 받으려고 했을까? 나도 그게 궁금하네."

나는 더 이상 묻지 않았다. 그날 밤 해인사에서 자고 집으로 오고 말았다. 출가길이 막히자 진제 스님에게 다시 찾아갈까 말까 고민하고 있었는데 해인사 율원장 스님에게서 다시 전화가 왔다. 자신이 잘 알고 있는 큰스님이 있는데 그곳으로 가보지 않겠느냐고 해서 다시 해인사로 갔다. 율원장 스님은 자동차를 하나 내주셨는데 그걸 타고 서울에 계신 어떤 큰스님을 찾아가라고 했다.

밤길을 쉼 없이 달려갔다. 절은 서울의 서초동 번화가의 산 중턱에 있었는데 시끄러운 음악 소리가 들렸다. 고요한 산사가 아니었다.

나는 큰스님께 무릎 꿇고 간청했다.

"큰스님, 지금 저는 출가하고 싶습니다."

그 순간 큰스님은 고함치듯 이렇게 말씀하셨다.

"그래, 지금 너의 귀에는 저 시끄러운 음악 소리가 들리는가?"

"네, 들립니다."

"저 시끄러운 음악 소리가 귀에 들리지 않아야 하느니라."

"스님, 음악 소리가 귀에 들리는 건 당연하지 않습니까?"

"물론 그렇지. 그 시끄러운 소리를 비우는 것이 바로 출가이니라."

"도무지 무슨 말씀인지 모르겠습니다."

"저녁이 늦었으니 일단 하룻밤을 자고 나서 생각해보세."

큰스님을 친견한 그날 밤 나는 쌀가마니가 쌓인 창고 안에서 하룻밤을 지새었다. 여름이었지만 온몸에 한기가 스며들어서 좀처럼 잠을 이룰 수가 없었다. 어머니의 뼈를 강물에 뿌리며 돈 없는 세상에서 살고 싶어 출가를 결심했지만 이마저도 결코 쉽지 않았다.

새벽 무렵, 주지 스님이 갑자기 들어와서 깨웠다. 지금 큰스님이 평소에는 하지도 않는 도량석을 하고 있는데 날보고 합장하면서 뒤따르라고 했다. 도량석은 사찰에서 새벽 예불을 하기 전에 도량을 깨끗하게 하기 위해 치르는 의식으로, 목탁을 두드리면서 경내를 돌며 찬이나 게를 읊는 예배를 말한다. 읊는 게송은 신묘장구대다라니와 사방찬(四方讚)·도량찬(道場讚)·참회게(懺悔偈) 등이다. 때론 나무아미타불이나 관세음보살을 염하기도 하고, 《금강경》 구절이나 조사(祖師)들의 게송을 읊기도 한다.

도량을 깨끗하게 한다는 의미 외에 잠들어 있는 천지 만물을 깨우면서 일체중생들이 미혹에서 깨어나게 한다는 의미를 지니고 있고 한 맺힌 것을 푼다는 의미도 함께 갖고 있다. 목탁을 칠 때는 약한 음에서 서서히 높은 음으로 올렸다가 내리기를 반복한다. 이것은 일체중생이 갑자기 놀라지 않고 천천히 깨어나게 하기 위한 의식으로서 끝날 무렵에는 법고와 목어·범종을 차례로 치며, 절 안에 있는 모든 대중이 법당에 모이면 예불을 올린다.

나는 절의 법도를 몰라 그저 시키는 대로만 했다. 새벽하늘엔 염불 소리가 널리 울려 퍼졌다. 쌀창고에서 쪼그리고 잠을 자서인지 온몸이 저리고 아팠다. 나는 주지가 시킨 대로 합장하면서 절간을 빙빙 돌았지만 마음속에서는 아무런 감흥이 일어나지 않았다. 이상하게도 '저 스님은 나의 은사가 아닌 것 같다.'는 생각이 자꾸 들었던 것이다.

도량석이 끝나자마자 큰스님이 나를 찾았다. 나는 삼배를 올리고 무릎을 꿇고 앉았다.

"그래, 하룻밤을 잘 잤는가?"

묵묵부답했다.

"마음의 결심이 섰는가?"

아무런 말을 하지 않자 큰스님은 내 얼굴을 살피더니 큰 소리로 이렇게 말했다.

"주지를 들라 하라."

잠시 후 주지가 들어왔다.

"오늘부터 주지는 이 막내 행자에게 소임을 주어라."

그 말이 끝나자마자 총무 보살과 주지가 내 얼굴을 쳐다보았다. 나는 그 순간 이렇게 말했다.

"큰스님, 저는 이곳에서 출가하고 싶지 않습니다."

뜻밖의 말에 큰스님은 놀란 듯이 물었다.

"왜 갑자기 생각을 돌렸는가?"

"이유는 없습니다. 단지 도량을 돌면서 합장하는데 갑자기 이곳은 내가 출가할 장소도 아니고 더구나 스님의 제자가 될 수 없을 거라는 생각이 들었습니다. 이유는 오직 그것뿐입니다."

큰스님은 잠시 생각하시다가 말을 했다. 사실, 나는 성격이 유별났다. 한번 결심하면 목에 칼이 들어와도 바꾸지 않는 성격이었다. 무조건 이곳에서 출가하지 않겠다는 마음을 먹었다.

"허허, 그런가. 다시 한 번 생각해보게."

그때부터 큰스님과 나는 무려 세 시간 동안 실랑이를 했다. 한쪽에선 "이곳에서 출가를 하라."고 하고, 나는 "하지 않겠다."고 버텼던 것이다. 큰스님은 인도와 티베트 그리고 일본까지 유학을 보내주겠다고 제의했다. 심지어 시골에 있는 포교당으로 혼자 보내줄 테니 그곳에서 수행하라는 말씀까지 하셨다. 왜 나에

욕망, 성냄, 어리석음

게 그런 제의를 했는지 그건 알 수 없었지만 한번 마음먹은 것을 되돌릴 수는 없었다. 무릎 꿇고 앉은 자리가 마치 바늘방석처럼 아파왔다. 큰스님은 하산하려는 나를 놓아주지 않았다. 팽팽한 긴장감이 흘렀다.

"큰스님, 하산하고 싶습니다. 저를 보내주십시오."

고을 원님도 제가 하기 싫으면 별수 없듯이 결국 큰스님은 나를 상좌로 받아들이는 것을 포기했다. 요사를 빠져나오는데 총무 보살이 나를 불러 다그쳤다.

"큰스님은 우리 대중들이 부처님으로 모시는 분이신데 어찌 그리 매정하게 떠나십니까? 안 그래도 큰스님께서 가시는 길에 여비를 주라고 했으니 기다리세요."

"여비는 필요 없습니다."

"아따 그 양반 고집도 세네. 여비를 주지 않은 것을 큰스님이 알면 제가 죽으니 좌우지간 가져가십시오."

별수 없이 여비를 받았다. 그때 주지가 차를 몰고 왔다. 걸어가겠다고 했지만 막무가내였다.

"자네가 타지 않으면 나는 반쯤 죽네. 큰스님이 시키는 대로 목적지까지 모셔드리겠네."

차가 갑자기 씽씽 달리기 시작했다. 나는 뒷문을 열었다.

"스님, 제가 여기에서 뛰어내릴 수도 있습니다."

옷가지와 가방을 손에 들고서 뛰어내릴 시늉을 하자 주지는 놀랐는지 급브레이크를 밟았다.

"그 양반 고집이 아주 세네."

"물의를 일으켜서 정말 죄송합니다."

나는 일주문을 향해 합장하고 난 뒤 산을 내려와서 다시 서울역까지 걸어갔다. 도량석을 하는 큰스님의 뒤를 따라가면서 나는 '저분은 내 스승이 아니다.'라는 생각을 했다. 인연이 아님을 직감했던 것이다. 그리고 다시 집으로 돌아와서 빈둥빈둥 며칠을 흘려보냈다.

욕망, 성냄, 어리석음

비구계를 받다

출가 결심을 하고 난 뒤, 도무지 일이 손에 잡히자 않아서 다시 진제 스님을 찾아뵈었더니 이렇게 말씀하셨다.

"멋진 중놈이 왔구나."

그때 스님은 나를 상좌로 받아주셨다. 인연이란 이렇게도 이어지는가 보다. 원주 스님이 나를 데리고 행자들이 있는 곳으로 가서 일일이 인사를 시켜주었다. 나는 마침내 막내 행자가 되었다.

다음 날부터 고된 하루가 시작되었다. 부목들이 해야 할 많은 일들이 행자들에게 몰려왔다. 눈으로 보기에도 종일 걸리는 일감들이었는데 나는 세 시간 만에 그 일을 해치우고서 행자 방으로 돌아와서 발랑 누워버렸다. 얼마나 지났을까? 원주 스님이 방문을 열었다. 막내 행자가 방에 드러누워 있자 잔뜩 화가 난 얼굴로 나무랐다.

"아니, 맡은 일은 하지 않고 무얼 하는가?"

"스님, 맡은 일은 이미 다 했습니다."

"그게 무슨 말인가? 온종일 해도 다 처리하지 못할 일인데 관세음보살님이 했다는 말인가?"

나는 실제로 맡은 일을 다 했다. 하지만 절간에서는 '일을 마쳤다.'는 말이 없다. 모든 행자들이 일을 하고 있는데 갓 들어온 막내 행자가 방에 드러누워 있으니 원주 스님으로선 기가 막힐 일이었다. 그때부터 원주 스님은 나에게 닥치는 대로 일을 시켰다. 다른 행자들은 게으름을 피웠지만 나는 전혀 달랐다. 그런 게 못마땅했다. 하루하루 지내는 게 곤혹이었다.

며칠이 지나자 이곳도 인연이 될 곳이 아님을 직감했다. 그날 저녁 원주 스님에게 몸이 아프다는 말씀을 드렸다.

"병원 응급실에 다녀와야겠습니다."

"혼자 갈 수 있겠는가?"

"네, 스님. 혼자 갈 수 있습니다. 행자가 홀로 밖에 나가는 것은 금지되어 있고 일주문으로 나가면 큰스님이 보시니 뒷문을 열어주시면 빨리 다녀오겠습니다."

그길로 나는 가방과 옷을 챙겨 그곳을 빠져나왔다. 이렇듯 출가의 인연을 맺는 것이 힘들다는 것을 나는 그때 비로소 알았다.

욕망, 성냄, 어리석음

한동안 출가의 길을 접었다. 인연 닿는 은사가 나타난다면 그때 출가를 다시 할 생각이었다. 중간에 다른 조계종 스님들도 찾아뵈었지만 역시 나이 제한에 걸려 출가가 어려웠다.

그러던 중 오래전부터 알고 지내던 통도사 말사에 계신 스님이 나를 찾아왔다.

"내가 잘 아는 노스님이 있으니 그곳에 가지 않겠는가?"

그곳은 전라도 순천에 있는 선암사였다. 나는 그곳으로 갔다. 법당에 들어가니 노스님의 사진이 걸려 있었는데 그분은 다름 아닌 태고종 종정 스님이셨다. 이곳에서는 나이나 학력에 대해서 전혀 묻지 않았다. 당시만 해도 나는 종단이 조계종뿐인 줄 알았다.

나는 이곳에서 용화 스님을 은사로 비구계를 받고 머리를 깎았다. 당시 전 KBS 사장을 지냈던 분과 함께 수계를 받았는데 그 사람 때문에 그날 수계 장소는 취재진으로 붐볐다.

나는 수계를 받고 비로소 비구가 되었다. 새벽 세 시에 일어나서 예불하고 청소를 하고 난 뒤에는 주로 참선을 했다. 한겨울에 법당에서 예불을 드리면 발가락이 시릴 게 뻔했지만 단 한 번도 발이 시리다는 생각이 들지 않았다. 발가락이 따뜻하다고 생각하면 이상하게도 법당 바닥이 따뜻해졌다.

한번은 참선하시는 스님이 내게 물었다.

"발가락이 시리지 않는가?"

"아닙니다, 스님. 시리다고 생각하면 시리고 따뜻하다고 생각하면 따뜻해집니다."

"허허, 그 사람 꼭 사명 대사와 같은 말을 하네."

그곳에서는 갓 수계를 받은 행자들이 참선 공부를 하고 있었다. 모든 대중이 참선에 들어가는 시간이 있는데 지금 생각하면 그 시간이 제일 좋았다. 오직 '화두'만 참구하는 시간이었기에 정말 중노릇을 하는 것 같았다. 참선을 마치고 질의문답을 하는 시간이 돌아왔다.

나는 손을 들고 참선 공부를 시키는 스님에게 물었다.

"스님, 질문 드릴 것이 있습니다."

스님은 내 질문에는 아랑곳하지 않고 자신의 말만을 계속했다.

"질문 있습니다, 스님."

계속되는 나의 질문에 스님은 갑자기 고함쳤다.

"1+1은 1이라네."

갑자기 좌중에서 박수 소리가 나왔다. 도무지 이해할 수 없는 답이었고 나로선 황당한 사건이었다. 왜 스님은 나의 질문을 듣지도 않고 '1+1은 1'이라고 했을까? 점점 의문이 깊어졌다. 나는 마음속으로 찾아온 깊은 의문을 견디지 못하고 참선 공부를 시키는 스님의 방문을 두드렸다.

"누구냐?"

"스님, 참선 공부 중에 의문이 들어서 질문을 던진 행자이옵니

욕망, 성냄, 어리석음

다."

문을 열어주지 않아서 문을 꽝꽝 쳤더니 그제야 방문이 열렸다. 나는 무릎 꿇고 삼배를 올렸다.

"스님께서 저의 질문을 듣고서는 일체의 답을 주시지 않으시고 '1+1은 1이다.'라고만 하셨기에 이렇게 찾아왔습니다."

"자네의 은사는 누구인가?"

"용화 스님입니다."

"거기가 어디인가. 자네 은사는 좋겠네. 자네 날 잘 기억해주시게나."

그 자리에서 삼배를 하고 더 이상 여쭈어보지 않고 돌아왔다. 그날 나는 도대체 출가란 무엇이며, 공부란 무엇인가에 대해 큰 의문을 품기 시작했다. 속세와 세속의 경계란 도대체 무엇이란 말인가.

결국 나는 선암사를 나와 혼자서 수행해야겠다는 생각만을 했다. 며칠 후 나에게 은사 스님을 소개해주셨던 통도사 말사에 있는 스님을 만나서 그동안 있었던 일을 말했다. 그런데 대뜸 나에게 화를 냈다.

"머리 깎은 지 얼마 되지도 않은 중놈이 우리 스님을 농락하고 도망을 가? 어디서 거짓말을 하는 거야."

"무슨 소리입니까? 난 거짓말을 한 적이 없어요. 내가 궁금한 것이 있어서 물어본 것인데 답을 주지 않았어요."

사실, 내가 그곳을 빠져나온 것은 적지 않은 실망감 때문이었다. 지나고 보니 모든 것이 빈 깡통이라는 생각이 들었던 것이다.

그리고 긴 세월이 지나서 그 스님을 다시 만났다. 그런데 많은 신도들 앞에서 오히려 내게 삼배를 올렸다.

"내가 진짜 부처님을 몰라보았구려."

그 후 나는 긴 만행을 떠났다. 전라남도 해남의 작은 암자에서 수계를 받았던 도반 스님을 만나서 한동안 그곳에서 지냈다. 그곳은 아늑하고 수행하기 참 좋은 곳이었다. 그곳에서 나는 색다른 경험을 했다.

새벽 예불을 마친 뒤, 촛불을 바라보니 탁탁 튀는 게 눈에 보였다. 그래서 나는 기도의 힘을 알기 위해서 멀찍이 촛불을 다른 곳에 켜고 마음을 끌어모았다.

"촛불아, 한번 흔들려보아라."

바람의 힘과 공기의 힘으로 촛불이 흔들리지만 나는 기도의 힘으로도 촛불을 흔들 수 있다고 생각했다. 촛불을 켠 후 나는 정말 간절한 마음으로 약사여래불 정근을 염불하면서 기도했다. 그 순간 촛불이 요동치듯 흔들렸다. 그때부터 나는 기도의 힘을 정말 믿기 시작했다.

만행하면서 날을 보내다가 마지막으로 머문 곳이 부산의 금정산이었다. 그곳에서 나는 움막 법당인 무명사를 창건했다. 뒤돌아

욕망, 성냄, 어리석음

보면 많은 세월이 흘렀다. 홀로 수행하면서 가장 힘든 것은 나에 대한 믿음이다. 부처님의 가르침을 마음으로 새기고 이를 그대로 실천하는 것이 수행자의 몫임을 나는 그 순간 깊이 깨달았다.

밥은 왜 먹는가?

　나에게도 행자 시절이 있었다. 절집의 일은 무척이나 힘이 든다. 새벽 세 시에 일어나 예불을 드리고 나면 마당을 쓸고, 울력을 하고 나면 이내 아침 공양 시간이 된다.

　대개 불가의 저녁 공양 시간은 오후 다섯 시인데 너무 일찍 공양을 하다 보니 저녁 예불이 끝나고 잠잘 때가 되면 무척이나 배가 고프다. 그래도 사미들은 공양주에게 식은 밥이라도 얻어먹을 수 있지만 행자에겐 그림의 떡이다.

　어느 날 아침 공양을 하고 있는데 큰스님이 의미심장한 화두 하나를 던졌다.

　"천천히 먹어라. 그러다가 목구멍에 걸린다. 그런데 말이다, 너 밥은 왜 먹니?"

안 그래도 배가 고파서 죽겠는데 스님은 수저를 들기도 전에 선문답을 던졌던 것이다. 행자 생활을 한 지 겨우 며칠밖에 되지 않았는데 속으로 '왜 그런 되지도 않은 질문을 던질까?' 하고 못마땅해서 퉁명스럽게 대답했다.

"그게 뭔 말씀이에요. 당연히 배가 고파서 밥을 먹고 있지요."

"허허, 그래 기껏 대답하는 게 어찌 그 모양인가?"

"그럼, 스님은 뭐 때문에 밥을 드시죠?"

"먹어도 배가 고프긴 매한가지인데 다른 답은 없는가?"

그런 질문을 던지는 스님이 오히려 이상한 생각이 들 정도였다. 밥을 먹는 이유가 뭐가 있겠는가? 이것저것 생각하다가 다시 대답했다.

"스님, 저는 안 죽으려고 밥을 먹습니다."

"허허, 그래 죽지 않으려고 밥을 먹는다고? 그것도 맞다. 그런데 잘 생각해봐라. 왜 내가 밥을 먹는지 그 답을 안다면 출가의 본분도 알게 되겠지."

스님은 한마디를 던지고서는 휑하니 공양간을 나가버렸다. 그날 나는 하루 종일 '왜 밥을 먹는가?'라는 이상한 화두 하나를 이마에 이고 말았다. 그 무게는 마치 양동이를 머리에 이고 있는 것같이 무거웠다.

그래 '왜 밥을 먹지?' 나는 이 화두에 대한 숙제를 아직도 풀지 못하고 있다. 비단 이 문제는 나만의 이야기는 아닐 것이다. 세

322

상의 모든 사람들은 자신이 태어난 이유를 모르고, 또한 살아가는 이유를 제대로 모른다. 아니 태어났으니 살 수밖에 없는 운명 하나를 지닌 듯이 살아간다. 이것이 우리의 인생이며, 알아나가는 게 바로 삶이다.

우리 몸은 전기와 기름을 주는 기계와 같아서 끊임없이 오장육부를 움직이려면 음식을 필요로 한다. 하지만 몸에 맞지 않는 것이 배 속에 들어가면 요란 법석을 떠는 것이 육신이다.

하지만 사람이 몸을 유지하기 위해 음식을 먹는다는 것만으로는 납득이 쉽게 가지 않는 것이 불가(佛家)의 법이다. 단순히 생명을 잇기 위해 음식을 먹는다면 닭이나 개돼지에 지나지 않으며 먹고 싸는 원초적인 행위만을 한다면 그건 사는 게 아니다.

나는 그날부터 '밥은 왜 먹는가?'라는 말도 안 되는 화두를 이마에 이고 지금껏 살아왔다.

그런데 '밥은 왜 먹는가?'라는 문제에서 파생되는 화두는 여러 가지로 갈라질 수 있다. '나는 누구인가? 우리는 왜 살고 있으며 당신은 무엇 때문에 살고 있는가?' 등일 것이다. 우리는 결국 이 화두 하나를 풀기 위해 지금껏 살아오고 있다.

세상에서 혼자 할 수 있는 건 하나도 없다. 불교 공부도 마찬가지이다. 제대로 된 공부를 하려면 훌륭한 선지식을 친견하고서 가르침을 받아야 하는데 나는 지금껏 훌륭한 선지식을 제대로 만나지 못했다.

욕망, 성냄, 어리석음

'밥은 왜 먹는가?'

지금도 나는 이 엄청난 화두 하나를 머리에 이고 살고 있다.

그럼 당신들에게 화두 하나를 던지겠다.

'당신은 왜 밥을 먹고 있는가? 그 이유는 무엇인가?'

당신은 그 답을 이미 알고 있는지도 모른다. 다만, 세월이 지나
야만 능히 이를 깨칠 수 있다. 시간이 약이다.

누구나 죄를 짓는다

법당에서 기도하다 보면 불자들이 찾아와서 하소연을 한다.

"스님, 저는 죄지은 일도 없는데 지지리 없는 집안에서 태어나서 힘들게 살아요."

"허허, 그래요. 부모님 원망하는 사람치고 잘되는 것 못 봤어. 태어나게 해준 것만도 감사해야지. 이제부터라도 원망하지 말어."

누구나가 이 세상에 어떻게 왔는지도 모르고 죽는 날도 모른다. 그걸 아는 사람은 아무도 없다. 부유한 가정에서 태어난 사람은 남보다 호강하면서 살았을 것이고 가난한 집안에서 태어난 사람은 힘들게 살았을 것이다. 그런데 과연 그럴까?

사람들은 자신의 처지를 두고 부모에게 원망하지만 그건 적어

욕망, 성냄, 어리석음

도 스무 살 이전의 일이다. 성인이 되면 인생에 대한 모든 책임은 자신에게 있다. 돈이 없어서 공부를 못했다든지, 가난해서 힘들게 살았다든지 하는 것은 오직 변명으로밖에 들리지 않는다. 부모를 탓하거나 남 탓을 하면 할수록 오히려 뒤처지는 게 바로 인생이다.

사실, 살다 보면 뜻대로 일이 되지 않을 때도 있고 본의 아니게 휘말려서 죄를 지을 때도 있다. 보다 중요한 것은 그 일을 당했을 때의 마음가짐이다. 불교는 그걸 가르치는 참회의 종교이다.

하루는 어떤 불자가 억울한 일을 당했다며 나를 찾아와서 하루 종일 눈물을 펑펑 쏟았다. 영문을 모르고 알 필요조차 없어서 그 이유도 묻지 않고 내버려두었다. 그 사람은 법당의 부처님을 향해 퍼질러 앉아서 그냥 억울하다는 말만을 계속했다. 보고 있을 때마다 하도 한심하다는 생각이 들어서 어떤 일을 겪었기에 그렇게 대성통곡을 하느냐고 물었다.

"스님, 저는 죄가 없는데 너무 억울합니다. 어찌 하는 일마다 이렇게 안 되고 꼬일까요?"

나는 그 말을 듣다가 지나가는 말투로 한마디 했다.

"허허, 당신 정말 죄를 짓고 살고 있네요."

그랬더니 신도는 깜짝 놀라면서 나를 쳐다보았다.

"스님, 제 얼굴을 보세요. 저는 법 없이도 살 사람입니다."

"무슨 소리. 자꾸 한탄만 하고 있으니 정말 죄를 지은 것같이 보여. 부처님께 백날 하소연해봤자 소용이 없어."

"스님, 저는 정말 단 한 번도 죄를 지은 적이 없어요."

그 신도의 말이 점점 가관이어서 쌤통이 났다.

"정말인가. 당신은 지금도 도둑질을 하고 있어, 그렇지 않은가."

사태가 이쯤 되니 그 신도는 얼굴이 새파랗게 질려서 나에게 달려들었다.

"스님, 도대체 무슨 말을 하고 있는 겁니까?"

"허허, 보게. 도둑이 제발 저리다고 저렇게 난리여. 당신이 도둑질을 하고 있는 거 이 세상이 다 알고 있어. 알어."

그녀의 눈은 갈수록 둥그레졌다. 갈수록 태산이라는 의미였다.

"봐. 이 세상에 도둑놈 아닌 사람이 어디 있어. 당신 매일 공기를 마시고 있지? 그거 돈 주고 마시고 있어? 어디 그것뿐인가. 돌아봐. 산에 나는 꽃과 나무들 다 인간들이 도둑질하고 있어. 어디 자연을 위해서 한번 살아봤어? 매일 삽 들고 호미 들고 산을 헤매면서 약초다 뭐다 동물들을 죄다 잡아 죽이는 게 도둑이지 뭐야. 그러니 죄 없다고 하지 말어. 그게 다 업이 되는 거여."

그제야 신도는 내 말을 알아들었는지 화난 얼굴이 웃는 얼굴로 되돌아왔다.

우리가 살고 있는 이 지구는 인간의 욕심으로 인해서 날마다

욕망, 성냄, 어리석음

오염되고 있다. 그럼에도 인간은 이 지구에서 공기를 마시고 살면서 10원도 주지 않고 있다. 물은 안 먹고도 며칠을 버틸 수 있지만 산소는 단 10분만 마시지 않아도 죽는다. 그런데 이렇게 귀한 산소를 마시면서도 세금 내는 사람이 없고 자연의 귀중함조차 잘 모른다.

나에게 찾아와서 하는 소리가 대개 "자기는 복이 없다느니. 돈을 못 벌어서 화가 난다느니, 죄가 없는데 억울한 누명을 썼다느니, 사기를 당했다느니" 하는 말들만 법당에 와서 쏟아낸다. 그럴 땐 내 귀가 따가울 정도이다.

그런데 알고 보면 이 세상에 복 없는 사람은 없다. 사람으로 태어난 것이 그 첫번째 복이요, 부처님의 가르침을 만난 것이 두번째 복이다. 짐승으로 태어났으면 어쩔 뻔했는가. 그러니 감지덕지하고 살아야 하는 게 인생이다.

나는 누구보고 들으라고 이런 법문을 하는 게 아니다. 복을 얻으려면 제발 조상 탓, 남 탓 하지 말라는 것이다. 심지어 부처님 탓도 하는 사람이 있다. 그런 사람은 결코 큰 복을 얻지 못한다. 이게 다 자신이 지은 번뇌 탓이다.

누구나 '백팔번뇌'를 가지고 있다. 번뇌가 깊으면 사리 분별력이 떨어지고 급기야 불행을 자초하게 된다. 인간은 왜 번뇌를 기본적으로 가지고 있을까? 이것은 몸이 지니고 있는 눈·귀·코·입·몸 뜻의 '안이비설신의(眼耳鼻舌身意)'라는 육근(六根) 때문인데 이것이 번뇌를 야기시키는 주범이다.

그래서 불교에서는 육근을 여섯 도둑놈 혹은 여섯 원숭이라고 한다. 예쁜 것만 보려는 눈이라는 도둑놈, 자신에게 좋은 소리만 들으려는 귀라는 도둑놈, 좋은 냄새만 맡으려는 코라는 도둑놈, 맛있는 것만 먹으려는 입이라는 도둑놈, 쾌감만 얻으려는 육신이라는 도둑놈, 명예와 권력에만 집착하려는 생각이라는 도둑놈이다. 그리고 여섯 도둑놈을 조종하는 것이 마음이라는 도둑놈이다. 사람이 오래 살려면 먼저 마음이 건강해야 하고 잘 다스려야 한다. 때문에 모든 번뇌를 '백팔번뇌'라고 명명하고 있는 것이다.

'백팔번뇌'는 앞의 육근이 작용하여 일어나는 '색성향미촉법(色聲香味觸法)'인 육경과 좋음·나쁨·평등의 '호악평등(好惡平等)'과 과거·현재·미래에 끊임없이 작용하여 생긴다.

육근에 육경을 더하면 12, 여기에다 호악평등 삼수(三受)를 곱하면 36, 여기에 과거·현재·미래인 삼세(三世)를 곱하면 '백팔번뇌'가 된다.

이렇듯 인간의 번뇌는 생명이 존재하는 한 끊임없이 작용하므로 번뇌의 도둑놈인 육근을 조종하는 마음을 잘 다스려야만 건강한 삶을 오래 유지할 수 있다. 지금부터라도 내 마음을 잘 갈무리하라.

인연이란 무엇인가

이른 새벽, 아침 예불을 하기 위해 금정산 정상 아래에 있는 회룡선원(回龍禪院)으로 발길을 옮긴다. 부산외대 뒤편, 꼬불꼬불한 산길을 지나면 이정표가 보이고 그곳에서 다시 거친 돌산을 한참 올라가면 아담한 암자가 보인다. 날씨가 좋을 때는 힘들지 않지만, 무더운 여름이나 한겨울에는 여간 힘들지 않다. 이곳은 나에게는 아주 특별한 곳이다. 은사 스님이 세상을 뜰 때까지 마지막으로 수행을 했던 곳이고, 내가 암자 옆에서 움막법당을 세우고 기도했던 곳이다.

나는 얼마 전부터 회룡선원에 의미 있는 불사(佛事)를 시작했다. 농부의 아들로 태어나서 부모님을 일찍 여의고 난 뒤 삶에 대한 깊은 회의를 느껴 큰스님과 대덕 스님을 찾아 헤맸다. 그러던 중 통도사 스님의 소개로 이곳에서 은사 스님을 뵙고 선암사에서 비구계를 수지하고 출가했다.

일설에 의하면, 원효 스님과 의상 대사가 산세와 풍광이 수려한 금정산 일대를 만행(萬行)하시다가 이곳을 잠시 수행처로 삼았다는 이야기가 전해지고 있지만 정확한 사록(寺錄)은 없다. 조선 중기에 원효봉과 의상봉 아래 신라시대의 암자가 있었다는 설이 있다. 이후 은사 스님이 용이 비상하는 꿈을 꾸었다가 부처바위 근처 폐사지(廢寺地)를 발견, 이름을 회룡정사라고 짓고 1963년 복원불사 후 현재까지 이어왔다.

사람의 인연은 실로 묘하다. 출가를 결심한 후 불단을 조성하고 목이 부러진 돌부처님을 수습하여 모시는 꿈을 꾼 적이 있었다. 회룡정사에서 은사가 될 스님을 뵙기 전, 이 꿈에 관한 이야기를 통도사 말사에 있던 스님에게 했더니 깜짝 놀랐다.

"그런가? 오래전 회룡정사에 계신 부처님의 목이 부러졌는데 이상한 인연인 것 같네. 다음에 큰스님을 만나면 한번 물어보시게."

그런 뒤에도 당장 출가를 하지 않고 큰스님과 대덕 스님을 은사로 모시기 위해 전국 방방곡곡을 쏘다녔지만 여의치 않았다. 그분들이 상좌로 받아들이려고 하면 내가 싫고, 어떨 땐 나이와 학력 제한이 걸림돌이 되기도 했다. 이상하게도 자꾸 출가가 늦어지는 것이었다. 결국 나는 당시 회룡정사에 주석하신 큰스님을 뵙고 출가를 했다. 그러고 보면 뜻대로 되지 않는 것 또한 인연인가 보다.

꿈속에서 불단을 조성하고 목 부러진 돌부처님을 수습하여 모셨던 것처럼 회룡정사에서도 실제로 부처님의 목이 부러진 사건이 있었다. 그것도 그렇지만, 회룡정사 스님을 만난 다음 날 삭발하고, 그날 우연히 법당 뒤 바위를 보게 되었는데 그곳에 꿈에서 본 부처님과 똑같은 모습의 부처님이 새겨져 있는 것이 아닌가?

나는 그 순간 이상한 기운을 느꼈다. 강하게 내가 이 회룡정사를 지켜야 한다는 일종의 암시가 내 의식을 사로잡았다. 돌이켜 보면 참으로 기이한 일이었다. 그 후 나는 수계를 받고 이곳저곳을 만행하다가 회룡정사로 돌아와서 그 옆에 움막 법당을 짓고 기도 생활에 들어갔던 것이다.

은사 스님이 돌아가신 후 회룡정사는 방치되다시피하여 쓰러지기 직전의 상태에서 지금은 무명사 회룡선원이라는 이름으로 복원 중에 있다. 이제 이 도량을 깨끗이 단장하여 제대로 된 부처님 성지로 만들 일만 남았다.

출가 전, 목이 부러진 돌부처님을 수습하여 불단을 조성하는 꿈을 꾸었던 것과 실제로 회룡정사에 계신 목 부러진 불상의 사연은 예사로운 인연이 아니었던 것이다. 어쩌면 나에게 회룡정사를 지켜달라는 부처님의 무언의 암시는 아니었을까?

세상에는 참으로 기이한 일이 많다. 오래전 회룡정사에서 삭발한 지 6일째 되는 날이었다. 은사 스님은 나에게 기막힌 이야기를 하셨다.

"자네, 내가 꾼 꿈 이야기를 한번 들어보겠는가? 부처님께서 나에게 이런 말을 하셨네, 내가 자네를 20년간 지켜줄 테니 이곳을 잘 지키라고 하셨네."

그로부터 20년 되던 해에 부처님의 목이 부러졌다. 그날 회룡정사에서는 개금불사를 하고 있었다. 갓 스님이 된 나는 스님들 뒤에서 천수경을 독송하고 있었는데 갑자기 마른번개가 요란하게 치고 장대비가 쏟아졌다. 동시에 불단에 계시는 부처님의 백회로부터 노란 금빛이 나의 정수리로 꽂히는 듯한 느낌이 세 차례 반복되었다. 그때 나는 뜨거워서 견딜 수 없는 고통을 느꼈고 참으로 기이한 일이었다. 나는 은사 스님이 내게 말한 그 꿈을 지금도 똑똑히 기억하고 있다.

오늘도 나는 금정산 정상 아래에 있는 무명사 회룡선원에 오른다.

"오~직 알 수 없을 뿐~

금정산을 등에 짊어지고 일어설 줄도 알고 앉을 줄도 아는 이 법이 무엇인고?

욕망, 성냄, 어리석음

저 장산을 오른손에 저 달음산을 왼손에 들 줄도 알고 놓을 줄
도 아는 이 법은 무엇인고?

호~호~호~호~ 호호호로구나.

나~무~아~미~타~~불~~"

깊고 깊은 지혜의 가르침

한여름, 산사의 하루는 매우 길다. 암자에 넋 놓고 있으면 금정산에서 불어오는 맑은 바람이 장삼 자락을 다 흔든다. 이런 때는 무심(無心)에 젖어 산사에 앉아 경전을 읽으면, 삼복더위도 가사(袈裟) 속으로 숨어들어 더운 기운조차 온데간데없다. 경전 속에는 무한한 삶의 지혜가 들어 있으며 맑은 고요가 있고, 독경 소리와 법고 소리가 있으며, 연꽃 같은 깊은 가르침이 가득 들어 있다.

날마다 사계(四季)처럼 이 세상이 무상하게 변화하듯이 우리의 삶도 수없이 고난의 사계를 거쳐 왔다. 계절의 순환이 없었다면 우리는 온전히 한 생을 다 보낼 수 없었을 것이다. 그러므로 무더위를 탓하는 것은 한갓 중생심에 지나지 않는다. 추우면 추운

욕망, 성냄, 어리석음

대로 더우면 더운 대로 사는 것이 잘사는 것이다.

사람들은 누구나 다 행복을 꿈꾸고 있지만 이를 제대로 누리지 못하고 있다. 정신없이 하루하루 바쁘게 살다 보면 진실로 자신이 가진 마음의 가치를 제대로 들여다보지 못하는 것도 어리석음 때문인데 마음에는 늘 고통이 있으면서도 그 고통이 들어오는 문을 제대로 모르는 것은 아직도 중생심이 남아 있기 때문이다.

일찍이 원효 스님은 중생의 마음을 두고 "미혹의 세계도 되고 깨달음의 세계도 된다."고 말씀하신 적이 있다. 부처도, 보살도 이 중생심을 보고 마음을 정화시켜 마침내 깨달음을 얻었듯이 마음을 맑게 할 수 있다면 누구든지 부처가 될 수 있음을 역설하신 것이다.

세상을 살다 보면, 물질과 문명 속에 허우적대며 헤매는 건 바로 마음이라는 그놈 때문이다. 우리가 그토록 찾고자 하는 행복은 내가 가진 이 마음을 어떻게 다스리는가에 달려 있다고 해도 과언이 아니다. 그럼, 그 마음이란 무엇일까?

누구나 '다겁생래(多怯生來)'를 살아오면서 수없이 많은 죄를 지어왔다. 하지만 그러한 사실조차도 제대로 알지 못한다. 때문에 복을 얻지도 못하고 구할 수도 없는데 그럼 어떻게 해야만 진정한 복을 얻을 수 있을까?

경(經)에서 부처님께서는 "복은 구하는 게 아니라 지어야만 얻는 것이다."라고 하셨다. 사람들은 복은 짓지 않고 얻으려고만 하는데 이것은 한갓 '인간의 욕망'에 지나지 않는다. 이것을 말끔히 씻어버리고 청정한 마음을 가져야만 비로소 자신이 바라는 바를 이루어낼 수 있다. 그럼 우리 중생들은 어떻게 살아야만 할까?

부처님이 살아오신 삶을 닮으면 된다. 물론, 승가(僧家)와는 달리 일반 불자들이 이러한 삶을 산다는 건 쉬운 일이 아니지만 부처님께서 가지신 삶의 지혜를 바로 알아 실천하는 것은 매우 쉽다. 그저 부처님 일대기를 보면서 부처님처럼 살기를 간곡히 발원만 하면 된다.

항상 신구의(身口意) 삼업(三業)을 청정하게 닦고, 무명(無明)을 거두고, 우리가 살고 있는 이 세상에 불국토를 건설하겠다는 원력을 가지고 하루하루 부처님의 가르침대로 살면 되는 것이다. 부처님께서는 45년 동안 일대시교를 통해 인간이 행복하게 살아갈 수 있도록 지혜의 방법을 가르쳐주셨다. 이를 제대로 실천만 하면 행복한 삶을 살 수 있다. 항상 위로는 불도를 구하고 아래로는 널리 이웃을 위하는 '상구보리 하화중생'의 보살도를 실천하면 된다.

또 부처님의 말씀이 담긴 《장아함경(長阿含經)》의 〈십삼경(十三經)〉에 보면 무너지지 않고, 사라지지 않는 참된 재산 일곱 가지를 쌓는 방법이 있다.

첫째, 믿음의 재산을 쌓는 삶이 되어야 한다는 것이다. 믿음은

욕망, 성냄, 어리석음

모든 삶에 있어 근본이며 원천이다. 항상 스스로를 되돌아보고 남들이 나를 믿을 수 있는지 점검하며 서로가 서로를 신뢰할 수 있도록 해야만 한다. 말하자면 믿음의 재산을 쌓기 위해서 작은 이익을 위해 굽히지 않는 곧은 마음인 직심(直心)을 가져야만 한다. 이것이 바로 문수보살의 마음이다.

둘째, 계율의 재산을 쌓아야만 한다. 돌다리도 두드려보고 건너듯 항상 깊은 마음과 조심스러운 행동으로 사려 깊게 움직이는 관세음보살의 마음인 심심(深心)을 가져 모든 사람의 마음을 수용할 수 있는 보현보살과 같은 광대심(廣大心)을 지녀야 한다. 계율은 생명의 존엄성을 일깨워주고, 타인을 존중하는 마음을 갖고 육체적 욕망을 억제하여 진실한 생활을 할 수 있는 방법을 말하는데 중생이 살아가는 데 있어 사회의 도리를 잘 지키는 것을 뜻한다.

부모와 자식이 함께 믿음을 갖고 계율을 지켜나간다면 어떠한 일이 일어난다고 하더라도 가치관과 윤리관은 흔들리지 않는다. 그러므로 계를 잘 지킨다는 것은 부처님께서 가르친 대로 사는 것이며, 부처님을 속이지 않는 삶이라고 할 수 있다. 여기에서 직심은 문수보살의 마음이며, 심심은 관세음보살의 마음이며, 광대심은 보현보살의 마음을 뜻한다.

셋째, 타인들로부터 공경을 받아야 한다. 이는 양심에 부끄러움이 없는 생활을 통해 타인들로부터 공경받는 인격을 형성하는 것을 뜻하는데 타인들로부터 지탄이나 공경을 받는 것은 오로지 자신에게 달려 있다. 스스로 올바른 인격을 형성했을 때만이 공경을 받을 수 있다. 그러므로 항상 신구의(身口意) 삼업(三業)을 청정하게 하여 맑고 향기롭게 살아야 한다.

넷째, 항상 타인들에게 용서받을 줄 아는 삶을 살아야 한다. 이는 항상 나의 잘못을 인정하고 참회하여 용서를 받는 삶을 가리킨다. 《불반니원경(佛般泥洹經)》에 보면 부처님께서 열반을 앞두고 제자들에게 "마음이 삿되려고 할 때 그것을 따르지 말고, 마음이 음탕하려 할 때 그것을 따르지 말고, 마음이 약해지려 할 때 그것을 따르지 말고, 생각이 부정해지려 할 때 그것을 따르지 말고, 마음을 단속하여 마음이 사람을 따르게 할지언정 사람이 마음을 따르게 하지 말라."고 하셨던 것도 바로 '용서'를 강조한 말이다. 그러므로 세속의 욕망을 좇아 사는 삶이 아니라 스스로가 진정한 주인이 되어야 한다는 것이다.

다섯째, 부처님의 불법(佛法)을 많이 듣는 사람이 되어야 한다. 이는 참다운 법을 많이 배우고 진실한 삶의 방법을 깨우치고자 노력하는 삶을 말하는데 지혜로운 사람은 몸이 사물에 대하여 고통과 즐거움을 느끼더라도 그것에 매달리거나 집착하지 않고 휘둘리지 않는 삶을 살아가야 한다. 이것이 바로 진정한 주인으로 살아가는 방법이다.

여섯째, 남을 위해 항상 베푸는 삶을 살아야 한다. 베풂은 괴로움을 겪지 않게 인도하는 선행이다. 중생이 괴로움을 겪게 되는 이유는 악행의 원인을 스스로 만들어서 남에게 원망과 미움을 받고, 선행을 하지 않아 덕을 쌓지 못하기 때문이다. 부처님은 육바라밀 중 보시바라밀을 통해서 끊임없이 베풀며, 항상 악행을 멀리하고 선행을 쌓도록 당부하셨다.

일곱째, 지혜로운 삶이다. 지혜는 깊은 사유 속에서 생겨나듯 부처님의 가르침에 귀를 기울이고 그 가르침을 내 것으로 만들어야 한다. 사회가 어지럽고 어려울수록 부처님의 가르침에 더욱 귀를 기울이고 받아들여 최선을 다하는 것이 바로 지혜로운 삶임을 우리 불자들은 명심해야 한다.

모든 성공의 여부는 오직 자신의 손에 달려 있다. 우리가 세상을 살아가는 일도, 죽는 일도 오직 우리 손에 달려 있다. 어떻게 한 생을 사는가는 매우 중요하다. 하지만 잘살아야겠다는 욕망만으로는 현생을 행복하게 보낼 수 없으며 부처님이 강조하신, 재산을 쌓는 일곱 가지의 지혜를 가슴속에 항상 담고 살아야 한다.

깊은 물은 소리가 나지 않는다

　세상에는 흐르는 물과 고인 물이 있다. 흐르는 물은 맑고 새로워지지만 고인 물은 썩어간다. 시간적으로 보면 흐른다는 것은 끊임없이 변화하고 진화한다는 것이며 고여 있다는 것은 변화하지 못하고 갇혀 있다는 것이다. 굳이 말한다면 앞은 '자유'를 뜻하고 뒤는 '감옥'을 뜻한다.

　부처님께서는 '자유'와 '감옥' 사이에서 '자유'를 택한 성인(聖人)이다. 고귀한 왕자의 신분을 버리고 45년 동안 중생을 구제 제도하기 위해 세상을 떠돌며 고행을 통해 얻은 진리의 말씀들을 설법했다. 이러한 결심은 부처님이 흐르는 물처럼 자유인이 되고자 했기 때문이리라.

　그럼, 우리 불자들도 부처님처럼 자유인이 될 것인가? 고인 물

욕망, 성냄, 어리석음

처럼 썩을 것인가. 마음의 감옥에 갇혀 영원히 죄인이 될 것인 가? 부처님처럼 영원한 자유인이 되기 위해서는 수행을 해야 하는데 그중의 하나가 참선 수행이다.

《유교경(遺敎經)》에 보면 이런 구절이 있다. "깊은 물은 소리가 나지 않으나 얕은 물은 졸졸 소리가 나듯이 지혜로운 사람은 조용하며 편안함과 즐거움이 있지만 어리석은 사람은 불안하고 변덕스럽다. 지혜로운 이는 항상 감사할 줄 알고 스스로를 살펴서 지족을 알아 즐기는 참된 재산을 가진 부자이다. 또한 모든 괴로움에서 벗어나려거든 마땅히 만족할 줄 알아야 한다. 족함을 아는 그 자리가 즐겁고 안온한 곳이다. 만족할 줄 아는 사람은 맨땅에 누워 있어도 편안하고 즐겁지만 족함을 알지 못하는 사람은 천당에 있어도 마음을 충족시키지 못한다. 족함을 알지 못하면 항상 욕망에 끌려다니게 되고 족함을 아는 사람들은 그러한 사람들을 가엾게 여긴다."고 되어 있다. 이 또한 부처님이 말씀하신 행복을 구하는 삶이다.

요즘 현대인들의 가장 관심거리 중의 하나가 바로 참선 같은 명상 수행이다. 참선 수행은 나이와 무관하게 혼자서도 할 수 있고, 육체 건강을 뛰어 넘어 정신 건강에도 큰 도움을 줄 수가 있어서 이상적인 운동으로 제시되고 있다. 요즘 명상 센터가 서구에만 해도 수천 군데가 생겼다고 하니 가히 폭발적이다.

오늘날 인류는 고독과 격리의 아픔을 겪으면서 심한 정신적 고통 속에 신음하고 있다. 물질문명의 팽창에 따른 육체의 건강 발달 속도에 비해, 정신세계의 미성숙으로 인한 불균형 때문인데 삶의 질은 나아졌으나 상대적으로 인간이 추구해야 할 행복은 너무 멀리 있다. 이러한 불균형으로 인해 파생되는 정신적 공허와 질환들은 환경문제와 더불어 앞으로 인류가 해결해야 할 가장 중대하고 시급한 문제로 부상되고 있는 실정이다.

참선은 석가세존께서 무상정등정각(無上正等正覺)을 이루시고 우리에게 직접 제시하신 확실한 깨달음의 정로(正路)로서, 내적으로는 참다운 자기의 실체인 본래심(本來心)으로 돌아가 마음자리를 닦아 청정하게 유지하여 궁극적으로 부처가 되기 위해 하는 수행 방법이다. 외적으로는 중생 구원의 가장 수승(殊勝)한 방편이며, 인류가 가진 여러 가지 정신 질병을 해결할 수 있는 훌륭한 예방의학이라 할 수 있다.

참선은 인도의 전통적 수행인 요가에서 시작되었다. 이후 중국으로 건너가 혜능 선사에 의해 변형 발전되었다. 이는 나중 스승으로부터 제자에게 이심전심(以心傳心)으로 깨우치는 조사선(祖師禪)과 공안을 상량, 참구하는 간화선(看話禪)으로 이어져 우리나라의 정신세계를 이루는 근간이 되었다.

오늘날에도 임제종의 간화선 수행의 전통이 이어져가고 있으나, 초심자들이 접근하기에는 결코 쉽지 않은 수행법이라 할 수 있다. 그런 면에서 탐진치 삼독심의 제어에 목적을 두고 있는 소승불교의 기초적 선수행인 '오정심관(五停心觀)'은 참선 수행에 관심을 갖는 많은 불자나 일반인에게 좋은 선의 안내자가 될 수 있다. 이 다섯 가지 심관은 다음과 같다.

'부정관(不淨觀)'은 백골관(白骨觀)이라고도 하며 이는 사대(四大)로 이루어진 육신이 무상하여 다 썩고 문드러져 더럽고 추한 모습을 관함으로써 육체에 대한 탐욕심을 제거하는 관법(灌法)이다.

'자비관(慈悲觀)'은 중생의 고통스런 삶을 관찰하여 타인에게 무한한 자비심을 내어 분노심을 제거하는 관법이다.

'인연관(因緣觀)'은 삼라만상 모두가 인연생멸(因緣生滅)하며 서로 의존관계에 있다는 법칙이다. 인간이 가진 욕심과 성냄은 다 부질없음을 보아서 치심(癡心)을 제거한다.

'수식관(數息觀)'은 번뇌, 망상의 일어남을 막고 마음을 안정시키기 위해 자신의 숨을 고르게 하고, 들숨과 날숨을 세면서 호흡에 집중하는 관법으로 지금도 초심 수행자에게 많이 권장하는 관법이다.

'계분별관(界分別觀)'은 인간과 세계를 성질별로 분류하여 관찰해 보면 존재를 구성하는 사대인 지수화풍(地水火風)과 육근(六根)인 안이비설신의(眼耳鼻舌身意) 어디에서도 실다운 것이 없어 일체가 무상하여 "나도 아공(我空)하고 나의 것이라는 것도 아소공(我所空)하고, 온 우주도 모두 공함인 법공(法空)을 알아 내가 있고 나의 것이 있다"는 마음인 아견심(我見心)을 여의는 관법이라 할 수 있다.

참선은 자기를 성취하는 최선의 길이며 불법 수행의 궁극적 방법으로서 그 무량공덕은 참으로 지대하다. 이러한 선정을 닦음으로써 다음과 같은 이익을 얻을 수 있다.

티베트의 선경(禪經)인 《월등삼매경(月燈三昧經)》에는 선정을 닦는 열 가지 방법이 나온다.

첫 번째가 선정을 닦으면 우리의 몸과 행동거지가 자연 바르고 편안해진다는 '안주의식(安住儀式)'이다.

두 번째로는 행자경계(行慈境界)로서 선정을 닦으면 우리의 몸과 마음이 정화되어서 자비심이 많아진다는 것이다. 그래서 누구를 만나든가 어떤 일을 당해도 저절로 자비심이 생기게 된다.

세 번째는 탐진치 삼독심이 사라져 절로 번뇌가 끊긴다는 '무번뇌(無煩惱)'이다.

네 번째가 '수호제근(守護諸根)'이다.

인간은 눈·코·귀·혀·몸·마음이라는 육근으로 이루어져 있는데 이 여섯 원숭이가 각자 저 좋은 것만 찾아 날뛰어 한시도 조용한 날이 없는 것을 번뇌라 이름하며, 육근이 잘 제어되어 분별 망상을 내지 않는 것을 보리(菩提)라 이름하는데 선정을 닦게 되면 위의 여섯 감각기관들을 청정하게 보호하여 외부 환경의 유혹에 떨어지지 않게 된다.

다섯 번째는 '무식희락(無食喜樂)'으로 선정을 닦으면 먹지 않아도 기쁘다는 것인데 식욕과 식도락을 벗어났다는 뜻이다.

욕망, 성냄, 어리석음

여섯 번째는 '원리애욕(遠離愛慾)'으로 이성 간의 사랑이나 성적 욕구를 다 떠난다는 말이다.

일곱 번째는 '수선불공(修禪不空)'으로 선을 닦으면 공에 떨어지지 않는다는 것으로서 인연 지어진 일체 현상(現狀)이 모두 공한 가운데 공하지 않은 무엇인가를 찾는다는 말이 아니라 반야공(般若空) 진리(眞理)에서 사무치면 단멸(斷滅)의 공에 떨어지지 않고 그 속에서 진공묘유(眞空妙有) 일중도(一中道)를 체득한다는 뜻이다.

여덟 번째는 '해탈마견(解脫魔羂)'으로서 생사의 일체 번뇌를 제어하여 파순(마군)의 그물을 벗어난다는 말이다.

아홉 번째는 '안주불경(安住佛境)'으로 깊은 번뇌를 여의었으니 무량한 지혜를 발하고 일체법에 통달하여 부처님의 경계에 편안히 머문다는 뜻이다.

열 번째는 '해탈성숙(解脫成熟)'으로 선정을 닦으면 모든 경계를 벗어난 무애해탈이 자연히 원숙해져 부처를 이루게 된다는 뜻이다.

이처럼 참선 수행에는 거룩한 이익과 공덕이 있기 때문에 우리는 스스로도 본래의 자기를 챙겨 열심히 닦아야 하며 또한 이를 주변에게도 권하여야 한다. 그러므로 남이 선을 닦는 것을 보면 기뻐하고 수행하는 스님을 대할 때는 공경과 공양을 아끼지 말아야 한다.

그냥 정신을 놓고 무분별하게 살아서는 안 되며 인간답게 살아야 한다. 그럼, 어떻게 사는 것이 올바른 삶일까? 인류는 예부터 이 같은 문제를 두고 끊임없이 논의하여왔다. 그래서 나온 결론이 바로 자기 수행을 통한 성찰이다. 그 최상의 방법이 바로 참선인 것이다. 하지만 참선도 잘못하게 되면 마경에 빠질 수도 있기 때문에 항상 도반과 스승을 두어 자기 자신을 점검해야 한다. 이것이 정법(正法)의 길이다.

욕망, 성냄, 어리석음

마음의 도둑

남으로부터 물질이나 재산을

훔치는 것만이 도둑이 아닙니다.

진짜 도둑은 남의 마음을 속여서

이익을 얻는 사람입니다.

권력에 눈이 멀어서

명예에 눈이 멀어서

선량한 국민들의 마음을 뺏는

그들이 더 나쁜 도둑은 아닐까요?

아쉽게도 이 세상은

그런 사람에게는 너무 관대합니다.

성불

꽃보다 아름다운 건 천진무구한 아이들의

때 묻지 않은 마음입니다.

본디 우리가 가지고 있었던

이 천진불(天眞佛)의 마음을

도대체 누가 때를 묻히고 훼손했을까요?

그것은 누구도 아닌 바로 나입니다.

이를 자각한다면,

성불은 그리 멀리 있지 않습니다.

욕망, 성냄, 어리석음

깨달음의 길

자비의 원천은 바로 남의 질책과 경책을

내 것으로 받아들이는 데에서 출발합니다.

물론, 나를 욕하고 비난하는 사람을

용서하는 것은 실로 어려운 일이지만

이 또한 나를 성장시키는

하나의 가르침으로 받아들인다면,

그 길이 바로 깨달음으로 가는 길입니다.

남 탓을 하지 말라

"방귀 뀐 놈이 남을 탓한다."고 합니다.

허물이 많은 사람이

오히려 남을 탓한다는 뜻이지요.

혹 당신은 그렇지 않은가요?

좋은 것은 양보하고

나쁜 것은 내 탓으로 돌리고 나면,

어느 날 문득 내 주위에는

나를 사랑하는 사람이 많아질 것입니다.

욕망, 성냄, 어리석음

그대 알겠는가

금정산을 등에 짊어지고

일어설 줄도 알고

앉을 줄도 아는 이 법이 무엇인고?

산토끼가 바다에서

깡충깡충 뛰놀고 있네.

이 법은 무엇인고?

저 광채여, 저 빛이여!

온 누리에 비치어 일체중생을 건질지이다.

불덩어리도 녹일 수 없고

용광로로도 녹일 수 없고

그 무엇으로도 녹일 수 없고

오직 부처만이 녹일 수 있도다.

나의 업장이여! 너의 업장이여!

모두의 업연이로다.

길

부처님께서는 길 위에서 나서

길 위에서 깨닫고

길 위에서 열반하셨다.

누구나 길 위에 서 있다.

욕망, 성냄, 어리석음

업의 그릇을 비워라

2018년 11월 5일 초판 1쇄 | 2018년 12월 13일 13쇄 발행

지은이·무명

펴낸이·김상현, 최세현
편집인·정법안
디자인·김지현

마케팅·김명래, 권금숙, 심규완, 양봉호, 임지윤, 최의범, 조히라, 유미정
경영지원·김현우, 강신우 | 해외기획·우정민

펴낸곳·(주)쌤앤파커스 | 출판신고·2006년 9월 25일 제406-2006-000210호
주소·경기도 파주시 회동길 174 파주출판도시
전화·031-960-4800 | 팩스·031-960-4806 | 이메일·info@smpk.kr

ⓒ 무명(저작권자와 맺은 특약에 따라 검인을 생략합니다)
ISBN 978-89-6570-687-8 (03220)

쌤앤파커스(Sam&Parkers)는 독자 여러분의 책에 관한 아이디어와 원고 투고를 설레는 마음으로 기다리고 있습니다. 책으로 엮기를 원하는 아이디어가 있으신 분은 이메일 book@smpk.kr로 간단한 개요와 취지, 연락처 등을 보내주세요. 머뭇거리지 말고 문을 두드리세요. 길이 열립니다.